中国铁建股份有限公司企业标准

中低速磁浮交通土建工程施工技术规范

Technical Code for Construction of Medium and Low Speed Maglev Transit Engineering

Q/CRCC 32804—2019

主编单位：中铁十一局集团有限公司
　　　　　中铁二十三局集团有限公司
批准单位：中国铁建股份有限公司
施行日期：2020 年 5 月 1 日

人民交通出版社股份有限公司
2019·北京

图书在版编目（CIP）数据

中低速磁浮交通土建工程施工技术规范 / 中铁十一局集团有限公司，中铁二十三局集团有限公司主编. — 北京：人民交通出版社股份有限公司，2019.12
ISBN 978-7-114-16122-3

Ⅰ. ①中… Ⅱ. ①中… ②中… Ⅲ. ①磁浮铁路—铁路工程—工程施工—技术规范 Ⅳ. ①U237-65

中国版本图书馆 CIP 数据核字（2019）第 274730 号

标准类型：中国铁建股份有限公司企业标准
标准名称：中低速磁浮交通土建工程施工技术规范
标准编号：Q/CRCC 32804—2019
主编单位：中铁十一局集团有限公司
　　　　　中铁二十三局集团有限公司
责任编辑：曲　乐　张　晓
责任校对：孙国靖　扈　婕
责任印制：张　凯
出版发行：人民交通出版社股份有限公司
地　　址：(100011) 北京市朝阳区安定门外外馆斜街 3 号
网　　址：http：//www.ccpress.com.cn
销售电话：(010) 59757973
总 经 销：人民交通出版社股份有限公司发行部
经　　销：各地新华书店
印　　刷：北京鑫正大印刷有限公司
开　　本：880×1230　1/16
印　　张：11
字　　数：223 千
版　　次：2019 年 12 月　第 1 版
印　　次：2019 年 12 月　第 1 次印刷
书　　号：ISBN 978-7-114-16122-3
定　　价：67.00 元

(有印刷、装订质量问题的图书，由本公司负责调换)

序 一

2016年5月6日，由中国铁建独家承建的我国首条中低速磁浮商业运营线——长沙磁浮快线开通试运营。长沙磁浮快线是世界上最长的中低速磁浮线，是我国磁浮技术工程化、产业化的重大自主创新项目，荣获我国土木工程领域工程建设项目科技创新的最高荣誉——中国土木工程詹天佑奖。长沙磁浮快线是中国铁建独创性采用"投融资+设计施工总承包+采购+研发+制造+联调联试+运营维护+后续综合开发"模式的建设项目，其建成标志着我国在中低速磁浮工程化应用领域走在了世界前列，也标志着中国铁建成为中低速磁浮交通的领跑者和代言人。

我国已进入全面建成小康社会的决定性阶段，正处于城镇化深入发展的关键时期，亟待解决经济发展、城市交通、能源资源和生态环境等问题，而中低速磁浮交通具有振动噪声小、爬坡能力强、转弯半径小等优势，业已成为市内中低运量轨道交通、市郊线路和机场线、旅游专线等的有力竞争者。以中低速磁浮交通为代表的新型轨道交通是中国铁建战略规划"7+1"产业构成中新兴产业、新兴业务重点布局新兴领域之一，也是中国铁建产业转型升级、打造"品质铁建"、实现高质量发展的切入点之一。2018年4月，中国铁建开展了中低速磁浮标准体系建设工作，该体系由15项技术标准组成，包括1项基础标准、9项通用标准和5项专用标准，涵盖勘察、测量、设计、施工、验收、运营和维护全过程、全领域；系列标准立足总结经验、标准先行、补齐短板、填补空白，立足系统完备、科学规范、国内一流、国际领先，立足推进磁浮交通技术升级、交通产业发展升级和人民生活品质提升。中低速磁浮系列标准的出版，必将为中国铁建新型轨道交通发展提供科技支撑力并提升中国铁建核心竞争力。

希望系统内各单位以中低速磁浮系列标准出版为契机，进一步提升新兴领域开拓战略高度，强化新兴业务专有技术培育，加快新兴产业标准体系建设，以为政府和业主提供综合集成服务方案为托手，以"旅游规划、基础配套、产业开发、交通工程勘察设计、投融资、建设、运营"一体化为指导，全面推动磁浮、单轨、智轨等新型轨道交通发展，为打造"品质铁建"做出新的更大贡献！

董事长：   总裁：

中国铁建股份有限公司
2019年12月

序　二

建设更安全可靠、更节能环保、更快捷舒适的轨道交通运输系统，一直都是人类追求的理想和目标。为此，我国自20世纪80年代以来积极倡导、投入开展中低速常导磁浮列车技术的研究。通过对国外先进技术的引进、消化、吸收以及自主创新，利用高校、科研院所及设计院等企业的协调合作，我国逐步研发了各种常导磁浮试验模型车，建设了多条厂内磁浮列车试验线，实现了载人运行试验，标志着我国在中低速常导磁浮列车领域的研究已跨入世界先进国家的行列，并从基础性技术研究迈向磁浮产业化。

国内首条中低速磁浮商业运营线——长沙磁浮快线于2014年5月开建，开启了国内中低速磁浮交通系统从试验研究到工程化、产业化的首次尝试，实现了国内自主设计、自主制造、自主施工、自主管理的中低速磁浮商业运营线零的突破。建成通车时，我倍感欣慰，不仅是因为我的团队参与了建设，做出了贡献，更因为中低速磁浮交通走进了大众的生活，让市民感受到了磁浮的魅力，让国人的磁浮梦扬帆起航。

在我国磁浮技术快速发展的基础上，中国工程院持续支持了中低速磁浮、高速磁浮、超高速磁浮发展与战略研究三个重点咨询课题。三个课题详细总结了我国磁浮交通的发展现状、发展背景，给出了我国磁浮交通的发展优势、发展路径、发展战略等建议。同时，四年前，在我国已掌握了中低速磁浮交通的核心技术、特殊技术、试验验证技术和系统集成技术，并且具备了磁浮列车系统集成、轨道制造、牵引与供电系统装备制造、通信信号系统装备制造和工程建设的能力的大背景下，我联合多名中国科学院院士、中国工程院院士、大学教授署名了一份《关于加快中低速磁浮交通推广应用的建议》，希望中低速磁浮交通上升为国家战略新兴产业。

两年前，国内首条旅游专线——清远磁浮旅游专线获批开建，再次推动了中低速磁浮交通的产业化发展，拓展了其在旅游交通领域的应用。

现在，我欣慰地看到，第一批中国铁建中低速磁浮工程建设企业标准已完成编制，内容涵盖了工程勘察、设计、施工、验收建设全过程以及试运营、运营、检修维护全领域，结构合理、内容完整，体现了中低速磁浮交通标准体系的系统性和完整性，体现更严、更深、更细的企业技术标准要求。一系列标准的发布，凝聚了众多磁浮人的智慧结晶，对推动我国中低速磁浮交通事业的发展、实现"交通强国"具有重要的意义。

磁浮交通一直在路上、在奔跑，具有绿色环保、安全性高、舒适性好、爬坡能力强、转弯半径小、建设成本低、运营维护成本低等优点，拥有完全自主知识产权的中低速磁浮交通也是未来绿色轨道交通的重要形式。磁浮人应以国际化为目标，以产业化为支撑，以市场化为指导，以工程化为载体，实现我国磁浮技术的发展和应用。

　　作为磁浮交通科研工作者中的一员，我始终坚信磁浮交通有着广阔的发展前景，也必将成为我国轨道交通事业的"国家新名片"。

中国工程院院士：

2019 年 11 月

中国铁建股份有限公司文件

中国铁建科技〔2019〕165 号

关于发布《中低速磁浮交通术语标准》等 15 项中国铁建企业技术标准的通知

各区域总部，所属各单位：

现批准发布《中低速磁浮交通术语标准》（Q/CRCC 31801—2019）、《中低速磁浮交通岩土工程勘察规范》（Q/CRCC 32801—2019）、《中低速磁浮交通工程测量规范》（Q/CRCC 32802—2019）、《中低速磁浮交通设计规范》（Q/CRCC 32803—2019）、《中低速磁浮交通信号系统技术规范》（Q/CRCC 33802—2019）、《中低速磁浮交通供电系统技术规范》（Q/CRCC 33803—2019）、《中低速磁浮交通接触轨系统技术标准》（Q/CRCC 33805—2019）、《中低速磁浮交通车辆基地设计规范》（Q/CRCC 33806—2019）、《中低速磁浮交通土建工程施工技术规范》（Q/CRCC 32804—2019）、《中低速磁浮交通机电工程施工技术规范》（Q/CRCC 32805—2019）、《中低速磁浮交通工程施工质量验收标准》（Q/CRCC 32806—2019）、《中低速磁浮交通试运营基本条件》（Q/CRCC 32807—2019）、《中低速磁浮交通车辆检修规程》（Q/CRCC 33804—2019）、《中低速磁浮交通运营管理规范》（Q/CRCC 32809—2019）和《中低速磁浮交通维护规范》（Q/CRCC 32808—2019），自 2020 年 5 月 1 日起实施。

15 项标准由人民交通出版社股份有限公司出版发行。

中国铁建股份有限公司
2019 年 11 月 18 日

中国铁建股份有限公司办公厅　　　　　　　　　2019 年 11 月 18 日印发

前 言

本规范是根据中国铁建股份有限公司《关于下达中国铁建中低速磁浮工程建设标准编制计划的通知》（中国铁建科设〔2018〕53号）的要求，由中铁十一局集团有限公司和中铁二十三局集团有限公司会同有关单位编制完成。

本规范编制过程中，编制组进行了深入调查研究，系统地总结工程实践经验，广泛征求有关单位和专家意见，并与相关标准进行了协调，经反复讨论、修改，由中国铁建股份有限公司科技创新部审查定稿。

本规范共分14章，主要技术内容包括：1 总则；2 术语；3 基本规定；4 施工准备；5 施工测量；6 轨道；7 道岔；8 低置结构；9 桥涵结构；10 地下结构；11 车站建筑及结构；12 车辆基地；13 环境保护；14 竣工验收准备。

本规范由中国铁建股份有限公司科技创新部负责管理，由中铁十一局集团有限公司和中铁二十三局集团有限公司负责具体技术内容的解释。规范执行过程中如有意见或者建议，请寄送中铁十一局集团有限公司（地址：湖北省武汉市武昌区中山路277号中铁大厦21楼，邮编：430061；电子邮箱：zt11kjb@163.com）；中铁二十三局集团有限公司（地址：四川省成都市二环路西二段，邮编：610072；电子邮箱：CR23G@cr23g.com），以供今后修订时参考。

主 编 单 位：中铁十一局集团有限公司
　　　　　　　　中铁二十三局集团有限公司
参 编 单 位：中铁磁浮交通投资建设有限公司
　　　　　　　　中国铁建重工集团股份有限公司
　　　　　　　　中铁十八局集团有限公司
　　　　　　　　中铁十六局集团有限公司
　　　　　　　　中铁第五勘察设计院集团有限公司
主要起草人员：任继红　刘延龙　唐达昆　田宝华　王　军　张长春　赵洪洋
　　　　　　　　谭　斌　朱建富　夏明锁　徐鹤鸣　刘　智　林海斌　陈　梁
　　　　　　　　李良才　黎开政　郑　武　池阔海　陈　强　齐　刚　王心旺
　　　　　　　　肖红武　奚　成　李庆斌　刘武斌　郑宏利　李伟强　周　文
　　　　　　　　方　巍　张亚军　张守超　龚　敏　董　理　邢　亮　金陵生

主要审查人员：赵人达　吴应明　郭建湖　许和平　贾志武　李庆民　张立青
　　　　　　　　王森荣　王新国　王武现　王大为　翟玉新　闫建勇　王国祥
　　　　　　　　周永礼　孙英华　李经纬　唐希峰　雷鹏飞　丁兆峰　杨艳丽
　　　　　　　　牟瀚林　靖仕元　彭华春　刘大玲　韦随庆　崔阳华

目　次

1 总则 ·· 1
2 术语 ·· 2
3 基本规定 ··· 5
4 施工准备 ··· 6
　4.1 一般规定 ··· 6
　4.2 施工调查 ··· 6
　4.3 技术准备 ··· 7
　4.4 物资及设备 ··· 8
　4.5 临时工程 ··· 8
5 施工测量 ··· 12
　5.1 一般规定 ··· 12
　5.2 控制网 ·· 12
　5.3 轨排及道岔 ··· 16
　5.4 低置结构 ··· 16
　5.5 桥梁结构 ··· 17
　5.6 地下结构 ··· 18
　5.7 车站及基地 ··· 20
6 轨道 ·· 23
　6.1 一般规定 ··· 23
　6.2 界面工程 ··· 23
　6.3 轨排进场检验 ·· 24
　6.4 轨排运输与存放 ·· 25
　6.5 轨排铺设 ··· 27
　6.6 接头安装 ··· 32
　6.7 承轨台施工 ··· 33
　6.8 轨道整理与复测 ·· 35
　6.9 轨道附属设施与标志 ··· 35
　6.10 备品备件 ··· 35

7 道岔 ·· 36
7.1 一般规定 ·· 36
7.2 道岔监造 ·· 36
7.3 道岔运输与吊装 ·· 37
7.4 道岔基础平台和道岔基础 ·· 37
7.5 道岔结构件安装 ·· 39
7.6 电控系统 ·· 40
7.7 道岔调试 ·· 41

8 低置结构 ·· 44
8.1 一般规定 ·· 44
8.2 承轨梁 ··· 44
8.3 路基 ·· 46
8.4 边坡防护与支挡结构 ·· 47
8.5 路基排水 ·· 47
8.6 其他相关工程 ··· 48

9 桥涵结构 ·· 49
9.1 一般规定 ·· 49
9.2 基础 ·· 49
9.3 墩台 ·· 53
9.4 预制梁 ··· 54
9.5 预制梁架设 ··· 61
9.6 桥位制梁 ·· 63
9.7 支座安装 ·· 64
9.8 桥面及相关结构 ·· 65
9.9 涵洞 ·· 66
9.10 连续梁及连续刚构 ··· 67

10 地下结构 ··· 74
10.1 一般规定 ··· 74
10.2 加固处理 ··· 75
10.3 洞口、明洞 ·· 76
10.4 开挖 ··· 81
10.5 支护 ··· 85
10.6 衬砌及防排水 ·· 89

10.7	明挖隧道	93
10.8	盾构施工	101
10.9	承轨梁结构	117
10.10	附属设施	118

11 车站建筑及结构 ... 119
- 11.1 一般规定 ... 119
- 11.2 地基与基础 ... 119
- 11.3 主体结构 ... 126
- 11.4 装饰装修工程 ... 131
- 11.5 屋面工程 ... 136
- 11.6 界面工程 ... 138

12 车辆基地 ... 139
- 12.1 一般规定 ... 139
- 12.2 房屋建筑工程 ... 139
- 12.3 轨道桥 ... 143
- 12.4 室外综合管线 ... 143
- 12.5 其他构筑物 ... 147

13 环境保护 ... 148
- 13.1 一般规定 ... 148
- 13.2 噪声污染防治 ... 148
- 13.3 水土保持措施 ... 149
- 13.4 大气环境保护措施 ... 150
- 13.5 其他 ... 150

14 竣工验收准备 ... 151

本规范用词说明 ... 152

引用标准名录 ... 153

涉及专利和专有技术名录 ... 155

Contents

1 General Provisions ·· 1
2 Terms ··· 2
3 Basic Requirement ··· 5
4 Construction Preparation ·· 6
   4.1 General Requirement ··· 6
   4.2 Construction Investigation ··· 6
   4.3 Technical Preparation ·· 7
   4.4 Material and Equipment ··· 8
   4.5 Temporary Works ·· 8
5 Construction Survey ·· 12
   5.1 General Requirement ··· 12
   5.2 Control Network ·· 12
   5.3 Track Panel and Turnout ··· 16
   5.4 At-ground Structure ·· 16
   5.5 Bridge Structure ·· 17
   5.6 Underground Structure ··· 18
   5.7 Station and Base ··· 20
6 Track ·· 23
   6.1 General Requirement ··· 23
   6.2 Interface Engineering ··· 23
   6.3 Site Inspection of Track Panel ·· 24
   6.4 Transportation and Storing of Track Panel ·· 25
   6.5 Track Panel Laying ··· 27
   6.6 Track Panel Joint Installation ·· 32
   6.7 Construction of Support Rail Monolithic Track Bed ····························· 33
   6.8 Track Finishing and Re-testing ··· 35
   6.9 Track Accessory Facilities and Sign ··· 35
   6.10 Spare Parts ·· 35

7 Turnout ... 36
7.1 General Requirement ... 36
7.2 Supervision Manufacturing of Turnout ... 36
7.3 Transportation and Hoisting of Turnout ... 37
7.4 Support Platform and Foundation for Turnout ... 37
7.5 Installation of Turnout Structural Parts ... 39
7.6 Electronic Control System ... 40
7.7 Turnout Debugging ... 41

8 At-ground Structure ... 44
8.1 General Requirement ... 44
8.2 Supporting-track Beam ... 44
8.3 Subgrade ... 46
8.4 Protection and Retaining Structure ... 47
8.5 Drainage ... 47
8.6 Other Related Works and Facilities ... 48

9 Bridge and Culvert Structure ... 49
9.1 General Requirement ... 49
9.2 Foundation ... 49
9.3 Pier and Abutment ... 53
9.4 Precast Beam ... 54
9.5 Precast Beam Erection ... 61
9.6 Cast-in-Place Beam ... 63
9.7 Bearing Installation ... 64
9.8 Bridge Deck and Related Structures ... 65
9.9 Culvert ... 66
9.10 Continuous Beam and Continuous Rigid Frame ... 67

10 Underground Structure ... 74
10.1 General Requirement ... 74
10.2 Reinforcement Treatment ... 75
10.3 Portal and Open Cut Tunnel ... 76
10.4 Excavation ... 81
10.5 Support ... 85
10.6 Lining, Waterproof and Drainage ... 89

10.7	Open Cut Tunnel	93
10.8	Shield Construction	101
10.9	Track Beam Structure	117
10.10	Affiliated Facilities	118

11 Station Building and Structure ············ 119

11.1	General Requirement	119
11.2	Groundwork and Foundation	119
11.3	Subject Structure	126
11.4	Decoration Engineering	131
11.5	Roofing Works	136
11.6	Interface Engineering	138

12 Vehicle Base ············ 139

12.1	General Requirement	139
12.2	Building Construction Project	139
12.3	Rail Support Column	143
12.4	Station Integrated Pipeline	143
12.5	Other Structure	147

13 Environmental Protection ············ 148

13.1	General Requirement	148
13.2	Prevention and Control of Noise Pollution	148
13.3	Soil and Water Conservation Measures	149
13.4	Measures for Atmospheric Environmental Protection	150
13.5	Others	150

14 Preparation for Completion Acceptance ············ 151

Explanation of Wording in This Code ············ 152

List of Quoted Standard ············ 153

List of Patents and Proprietary Technology ············ 155

1 总则

1.0.1 为加强中低速磁浮交通工程施工管理，统一施工主要技术要求，保证工程施工质量，做到工程安全可靠、技术先进、经济合理、节能环保，制定本规范。

1.0.2 本规范适用于最高运行速度为120km/h的中低速磁浮交通土建工程的施工。

1.0.3 工程施工应建立健全质量保证体系，对工程施工质量进行全过程控制管理，每道工序完成后，都应采取相应的检测手段检查施工质量，并形成记录。

1.0.4 工程施工应建立健全安全生产管理体系和安全管理规章制度，设置专门的安全管理机构，配备专职安全管理员，落实安全生产责任制，保证工程安全施工。

1.0.5 工程施工应遵循国家绿色施工的有关规定，建立并持续改进环境管理体系，合理利用资源，节省用地，节约能源，减少排放，做好环境保护、水土保持、文物保护等工作，加强文明施工管理。

1.0.6 工程施工应建立职业健康安全管理体系，重视职业健康和劳动卫生保护，防止发生职业健康安全事故。

1.0.7 工程施工应加强标准化管理，积极推行机械化、工厂化、专业化、信息化施工。

1.0.8 工程施工采用和推广经鉴定并批准的新技术、新工艺、新设备、新材料等时，应制定相应的施工技术标准。

1.0.9 中低速磁浮交通工程施工除应符合本规范外，尚应符合国家现行有关标准和中国铁建现行有关技术标准的规定。

2 术语

2.0.1 中低速磁浮交通　medium and low speed maglev transit
采用直线异步电机驱动，定子设在车辆上的常导磁浮轨道交通。

2.0.2 限界　gauge
保障中低速磁浮交通安全运行、限制车辆断面尺寸、限制沿线设备安装尺寸以及确定建筑结构有效净空尺寸的图形与相应定位坐标参数。根据功能要求，分为车辆限界、设备限界和建筑限界。

2.0.3 框架控制网（CF0）　frame control network
采用卫星定位测量方法建立的空间直角坐标控制网，作为全线（段）的坐标起算基准。

2.0.4 基础平面控制网（CFⅠ）　basic horizontal control network
在框架控制网（CF0）的基础上，沿线路走向布设，按卫星静态相对定位原理建立，为线路平面控制网（CFⅡ）和轨排控制网（CFⅢ）提供坐标基准。

2.0.5 线路平面控制网（CFⅡ）　route horizontal control network
在基础平面控制网（CFⅠ）基础上，沿线路附近布设，为施工和轨排控制网（CFⅢ）测量提供坐标基准。

2.0.6 轨排控制网（CFⅢ）　track panel control network
沿线路布设的平面、高程三维控制网，为轨排及其附属设施施工、运营维护提供控制基准。

2.0.7 承轨梁　supporting-track beam
设置在隧道、路基或桥梁上，用于支承轨道结构，安装接触轨，实现中低速磁浮车辆抱轨运行的结构物。

2.0.8 F型钢　F type steel
断面为"F"形状的中低速磁浮轨道专用型钢。

2.0.9 感应板　reaction plate
车辆牵引用直线异步电机次级的组成部分，是非磁性导电材料，安装在F型钢上。

2.0.10 F型导轨　F type rail
一种承受磁浮车辆悬浮力、导向力及牵引力的基础构件，由F型钢和感应板组成。

2.0.11 轨缝　rail joint gap
设置在轨排接头处两相邻轨排的F型钢端间的缝隙。

2.0.12 轨道基准面　base plane of track
F型导轨的磁极面。

2.0.13 轨排　track panel
由F型导轨、轨枕、连接件及紧固件等组成，是中低速磁浮线路的基本单元。

2.0.14 轨枕　sleeper
用来连接F型导轨，使F型导轨保持相对位置固定并传递荷载的基础构件。

2.0.15 轨距　track gauge
轨道两侧F型导轨悬浮检测面中心线之间的距离。

2.0.16 轨枕间距　sleeper spacing
沿线路方向上相邻两根轨枕中心线之间的距离。

2.0.17 轨排接头　track panel joint
相邻轨排之间的伸缩、限位连接装置。

2.0.18 承轨台　support rail bed
支承和固定轨排，并将列车荷载传向承轨结构的一种现浇钢筋混凝土结构，是轨道结构的组成部分。

2.0.19 道岔平台　support platform for turnout
承载道岔整体结构的稳定基础，是道岔安装、检测、维修作业的重要结构。

2.0.20 道岔桥　bridge for turnout
用于支承道岔的桥梁结构。

2.0.21 接触轨　contactor rail
敷设在承轨梁两侧，通过受电靴向中低速磁浮列车供给电能的导电轨。

2.0.22 中低速磁浮道岔　turnout for medium and low speed maglev transit
中低速磁浮线路的转线设备，由主体结构、驱动、锁定、控制等部分组成。其主体结构梁由三段钢结构梁构成，每段钢结构梁依次围绕三个实际点旋转实现转线。按照结构组成和功能状态，可分为单开道岔、对开道岔、三开道岔、多开道岔、单渡线道岔和交叉渡线道岔。

2.0.23 道岔梁　turnout beam
道岔上用于固定导轨和接触轨的可转动轨道钢结构梁。

2.0.24 垛梁　buttress girder
在混凝土梁和道岔梁之间起过渡连接作用的固定钢梁。

2.0.25 道岔基线　baseline of turnout
道岔直向位置线路中心线。

2.0.26 低置结构　at-ground structure
路基与设置在路基之上的承轨梁组成的结构物。

2.0.27 路基　subgrade
经开挖或填筑而形成的，用于支承承轨梁及轨道结构的土工结构物。

2.0.28 横坡　horizontal slope
为消除或减少中低速磁浮列车在曲线区段运行时产生的自由侧向加速度，对轨道基准面设置的横向坡度，以轨道基准面与线路横向水平线的夹角表示。

2.0.29 沉降评估　settlement evaluation
根据沉降观测数据，结合地质条件、地基处理措施，综合分析评价路基、桥涵、隧道等建（构）筑物沉降是否满足要求的过程。

3 基本规定

3.0.1 施工单位在施工前应根据设计文件和其他相关资料进行施工调查，调查地上、地下各种构筑物，核对地形地貌、地质条件等。

3.0.2 施工单位在施工前应做好施工策划，编制施工作业指导书及关键工序专项施工方案，做好技术交底工作，制定有效的环保措施。

3.0.3 施工单位施工前应对沿线周边房屋及既有线路进行核查，并应对梁场选址、运梁便道等临时工程进行调查。

3.0.4 施工测量应建立双检制度，测量坐标系统应与设计坐标系统保持一致，按照相关要求定期对控制网和施工测量网进行复测。

3.0.5 施工单位应按照规定进行沉降变形观测，对观测数据进行分析，并及时向有关单位反馈相关信息。

3.0.6 施工单位在施工过程中应加强质量自控，严格工序管理，按照规定做好隐蔽工程的检查、记录和签认，做到工程质量全过程控制。

3.0.7 隐蔽工程，应检查合格并办理签证后，方准进行下一步工序的施工。

3.0.8 工程施工应控制土建施工和设备安装的精度，并应满足限界要求。

3.0.9 设备安装应符合限界要求，并应满足车辆行驶和安全运营的条件。

3.0.10 施工应加强现场管理，规范现场布置，提高文明施工水平。

4 施工准备

4.1 一般规定

4.1.1 施工单位应根据设计文件和其他相关资料进行施工调查。

4.1.2 施工单位应在熟悉设计文件的基础上，根据工程的设计标准、技术条件和相应规范，并结合施工调查核对设计文件，编制施工组织设计。

4.1.3 困难地段轨道铺设，深基坑施工，高大模板支架工程施工，曲线段轨道精调施工，道岔运输与吊装，道岔安装，承轨梁吊装，承轨梁运输、架设等关键工序的施工，应编制专项施工方案。

4.1.4 施工单位应根据分部、分项工程施工具体要求编制施工方案及施工安全方案。

4.1.5 施工单位应将施工方案及施工工艺、施工进度计划、过程控制及质量标准、作业标准、材料设备及工装配置、安全措施及施工注意事项等，向参与施工的人员进行技术交底。

4.1.6 施工单位施工前，应根据施工调查结果，按永临结合的原则进行规划并制定相应环境保护措施，完善排水系统，保护水质，控制扬尘，减少水土流失并减少对水文状态的改变。

4.1.7 取、弃土场等临时用地应根据当地实际情况，宜选取荒地，少占农田、耕地。

4.1.8 应按照工程规模、进度安排、专业类别等要求，以及"专业化、合理跨度、责权利相结合"的原则，编制人力资源需求和使用计划。

4.2 施工调查

4.2.1 施工调查前应编制施工调查计划，明确施工调查的依据、调查的主要内容及方法、参加调查的人员及分工。

4.2.2 施工调查前应根据编制项目和单项或单位工程实施性施工组织设计的需要，按不同深度分别进行，单项或单位工程施工调查应结合施工放样测量进行。

4.2.3 施工调查发现现场实际情况与勘察设计文件不符时，施工单位应以书面形式及时联系建设单位和其他相关单位处理。

4.2.4 施工调查应包括以下内容：
1 调查当地生产物资供应、工业加工能力，通信设施和水陆交通运输能力，水源和电源供应能力，原材料供应等情况，以及当地计量、检验机构情况。
2 调查可利用的劳动力资源状况，包括人工费、就业情况等。
3 核查沿线架空、埋地的各种电力、通信等管线和临时建筑物等建筑限界，有关营业线设备及运营情况。调查大型施工机械通过地段的限界情况。
4 调查当地生活供应、医疗、卫生、防疫和民族风俗习惯情况，以及施工队伍应注意的事项等。
5 调查当地生态、环境保护的相关要求，收集沿线的水文气象及环境等有关资料。
6 调查现有可利用驻地或新建驻地的环境条件情况。

4.2.5 施工单位应统筹考虑相关专业界面工程的施工。

4.2.6 施工调查结束后，施工单位应根据施工调查结果及时编制施工调查报告。

4.3 技术准备

4.3.1 施工前应根据施工内容获取设计及变更等相关施工技术文件。

4.3.2 施工图核对包括现场核对和图纸核对。主要应核对施工图纸相互间的一致性、系统性及其与现场实际情况的相符性，并应满足工程施工需求，核对无误后方可使用。若核对中发现问题，应及时以书面形式递交建设、设计和监理单位进行解决。

4.3.3 收集并整理相关工程测量资料，采取现场与内业相结合的方式进行测量资料核对。

4.3.4 施工方案应结合气候、环境、线路特点、材料供应、作业方式等因素进行方案比选，确定合理的施工方法、施工装备配置和劳动力组织。施工方案应按程序评审，审批后方可执行。

4.3.5 应准备相关施工资料，参与建设单位组织的图纸会审工作。

4.3.6 施工作业指导书应按照标准化管理要求，将先进成熟的工艺工法、科学合理的生产组织与建设标准、质量目标、安全环保要求以及现场施工条件相结合进行编制，宜图文并茂，简明易懂，可操作性强。

4.3.7 施工技术交底应以书面形式分级进行，直至作业层。项目总工程师应对项目部各部室及技术人员进行技术交底，项目技术主管人员应对作业技术负责人进行技术交底，作业队技术负责人应对班组长及全体作业人员进行技术交底。

4.3.8 应编制培训计划和培训资料，并组织施工人员进行技术、质量、安全等岗前培训。

4.4 物资及设备

4.4.1 工程施工前，应按施工进度计划，落实各类材料和部件来源，其供货进度应与施工进度匹配。

4.4.2 各类材料及部件应满足设计文件要求，供应方应按照标准规定的批量，出具产品质量证明文件。施工单位应按有关规定进行进场检验，不合格者不得使用。

4.4.3 材料存放仓库、场地周围应设置良好的排水系统，并配置消防器材。

4.4.4 材料堆码基底应平实，各类材料堆码应便于装卸、取放、清点。材料堆码应树立标牌，标识产地、型号、规格、进场数量、检验状态。

4.4.5 施工机械设备应符合国家规定的产品质量标准。带有计量装置的机械设备，其计量装置应按相关规定进行检定；特种机械和设备的使用、检验及检定应符合《中华人民共和国特种设备安全监察条例》（国务院令第373号）的有关规定。

4.4.6 应根据工程类型、施工条件、工期要求、气象水文条件等因素，按照技术先进、安全适用、节能环保的原则合理配置机械设备，积极推进机械化施工。

4.4.7 施工机械设备应加强管理，以保证机械状态性能良好为原则，做好机械设备的验收、检验、保养、维修和记录等工作。

4.5 临时工程

4.5.1 临时工程开工前，应结合临时工程特点及施工工期，以统筹规划、合理布局、安全适用的原则编制设计文件，经相关单位批准后方可进行施工。

4.5.2 混凝土拌和站建设应符合下列规定：

1 拌和站宜建在混凝土结构物密集、用量集中的地段或重要构筑物附近，并应保证运输通道通畅。大型预制场应单独设置拌和站。

2 拌和站建设方案应考虑管理、投资、交通、设备使用效率以及工程工点分布和需要等因素，通过技术经济比选确定。

3 拌和站宜进行封闭管理，各工序、作业区应有明细的操作规程。

4 拌和站生产能力应根据供应区段混凝土需求计划通过计算确定。根据设计生产能力、混凝土连续浇筑作业要求等选配拌和站主机设备，并应有一定的生产能力储备。同一拌和站宜配置不少于两套拌和设备。

5 拌和设备和储料罐应设置在稳定可靠的基础上，混凝土拌和施工中不应产生下沉、倾斜。

4.5.3 制梁场、存梁场建设应符合下列规定：

1 制梁场建设前应编制实施性施工组织设计，其规模应根据供应范围内桥梁种类、数量，梁的供应时间、生产周期及以后的拆迁、场地恢复等因素综合考虑。

2 制梁场选址应根据架梁计划设在桥梁比较集中及运输距离比较适中的地段内，应有利于桥梁预制、存放、运输和架设，同时应考虑交通状态、地形地质、水电供应、砂石料源、环保要求等情况。

3 制梁场布置应满足生产流程和存梁数量的需要，并考虑桥梁相关试验所需场地和设置道路及排水系统的场地要求。对数量较少的梁型，可按大跨度梁建设台座。

4 后张梁制梁台座和先张梁张拉台座应经过专项施工工艺设计，具有足够的强度、刚度、稳定性和适应操作需求的构造，应满足制梁各阶段施工荷载及施工操作要求。

5 存梁台座的地基和结构应具有足够的承载力，台座顶面相对高差不应大于桥梁地面设计允许偏差。对有盐雾侵蚀影响的梁场，存梁台座顶面应高出地面 0.8m 以上。存梁场地应排水通畅、无积水。

条文说明

制梁场地横列式布置为常见的布置方法，即将制梁生产线和梁的运输线平行设置，这种布置占地较大，但工艺流程合理，存梁不受运输条件的限制，适宜大批量生产。

4.5.4 轨排基地应符合下列规定：

1 轨排基地的建设规模应根据工程规模、进度要求、使用期限、现场条件等因素，经合理比选后确定。

2 轨排基地主要由轨排待检测区、检测完成区、检测辅助区组成。

3 存轨台布置应考虑轨排的轨枕间距，混凝土强度等级应不低于 C25，同组存轨台标高允许偏差为±2cm。

4 轨排基地的场内堆置物与轨道及走行线间应留有不小于0.5m安全距离，并应符合消防的有关规定。

条文说明

建立室内轨排组装车间，能改善工作条件，有利于提高组装质量和工作效率。为确保轨排组装精度，需建立生产流水线，制定轨排组装作业书，配备专用组装胎具并定期进行检校。

4.5.5 临时便道、便桥施工应符合下列规定：

1 修筑标准应按施工运量、施工机械的最大荷载，沿线交通和工程量分布情况综合确定，并满足施工需要。有设计要求时，应按设计标准修筑。

2 应优先利用既有道路、桥梁，必要时通过加固既有桥梁、道路来满足施工车辆通行的要求。施工过程中应经常维修、养护。

3 新建的便道、便桥宜统一设置路面宽度、道路等级，较长的临时道路应设置会车道，在陡坡急弯处应设置交通警告标识。

4.5.6 取、弃土场应符合下列规定：

1 取土场应根据设计要求和施工区段土石方调配方案及取土数量，并结合取土深度、施工方法、用地要求和当地土地利用、环保规划情况进行布置。

2 取土场条件适宜时，可采用深井降水、深坑取土和坡地取土等节约用地的措施。

3 多雨地区或雨季施工时，应有防止地表水流入取土场内的措施，并应随时排除取土场内积水。

4 弃土场应按设计要求设置，并应保证山体和自身的稳定，不影响附近建筑物、农田、水利、河道、交通、环境的安全和使用。

5 弃土应按弃土场设计弃土容量弃土。设有挡渣墙时，应在挡渣墙施工完成后方可弃土。

6 取弃土场应按设计及时完成环保工程和防护工程。

4.5.7 钢筋加工场应符合下列规定：

1 应合理选择地点，减少进入现场的二次搬运，加工与使用应无干扰。

2 场内应进行功能区划分。

3 运输门式起重机的设计，起吊高度、吨位，运行的线路应进行规划。

4.5.8 运梁道路及桥上临时轨道应满足相应的运架设备的运行要求，应具有足够的承载力且应平整、顺直，保证预制梁顺利运输。施工前应根据运架设备运行技术要求制定相应标准，经相关单位批准后实施。

4.5.9 临时用电应根据沿线电力资源可利用情况，确定供电方案，宜优化选用当地电源。采用当地电源时，应根据工程分布情况，计算用电量，选用临时电力线的标准。采用自发电时，应根据具体情况选定采用集中发电或分散发电方案。

4.5.10 临时给水应根据沿线水资源情况，确定施工供水方案。距离水源较远的供电或工程较集中地段，可修建水干管路，根据用水量选定给水管路的标准。

4.5.11 临时通信应优先利用沿线既有通信资源，困难时可设置临时通信系统。根据沿线的地形条件，临时通信系统可选择采用有线通信或无线通信方式，其标准根据工程的具体情况确定。

4.5.12 临时工程的设计宜采取临时工程与正式工程相结合的方案。

4.5.13 临时工程应符合国家环保节能等法规和技术标准的规定。

5 施工测量

5.1 一般规定

5.1.1 施工测量坐标系统应与勘察设计坐标系统一致。

5.1.2 工程建设阶段，施工单位应定期对施工测量控制网进行复测，对控制网的完整性和稳定性进行检查，对破坏的控制点进行恢复。

5.1.3 测量记录、计算成果和图表，应书写清楚，签署完整，并应复核。各种测量的原始记录、计算成果和图表应按有关规定妥善保存。

5.1.4 施工测量过程应建立双检制度，并严格执行，测量资料应经不同人员计算核对无误后方可使用。

5.1.5 各种测量仪器和工具应做好经常性的保养和维护工作，并定期检定和经常检校。

5.1.6 变形监测应符合现行中国铁建企业技术标准《中低速磁浮交通工程测量规范》（Q/CRCC 32802）相关规定。

5.1.7 各阶段平面、高程控制测量完成后，应由建设单位组织评估和验收。

5.2 控制网

5.2.1 施工测量控制网布设应符合现行中国铁建企业技术标准《中低速磁浮交通工程测量规范》（Q/CRCC 32802）有关规定。

5.2.2 卫星定位控制测量的平面控制网精度等级可分为一等控制网、二等控制网、三等控制网、四等控制网、五等控制网；边角网控制测量平面控制网精度等级可分为二等控制网、三等控制网、四等控制网和一级控制网、二级控制网。

条文说明

平面控制网分级布网体现了控制测量从整体到局部的原则，使各级控制网具有可重复测量的条件，便于控制网复测及恢复；能分级消化系统误差，使系统误差不累积；便于分段施工测量。

在卫星定位控制测量的精度等级中，一等网主要用于框架控制网（CF0）测量；二等网主要用于基础平面控制网（CFⅠ）测量，以及复杂特大桥施工控制网测量和有特殊要求地下结构的平面控制网测量；三等网主要用于线路平面控制网（CFⅡ）和特大桥施工控制网测量；四等网主要用于施工控制测量；五等网主要用于线路勘察、中线、地形和低精度施工测量时的控制点加密。

在边角网控制测量的精度等级中，二等网主要用于替代全球导航卫星系统（GNSS）无法观测基础平面控制网（CFⅠ）时的平面控制测量；三等网主要用于地下结构施工的平面控制测量和洞内CFⅡ控制网测量；四等网主要用于施工控制测量；一、二级网主要用于线路勘察、中线、地形和低精度施工测量时的控制点加密。

5.2.3 卫星定位控制网测量的精度等级划分及主要技术指标应符合表5.2.3的规定。

表5.2.3 卫星定位控制网测量的主要技术要求

等级	固定误差 a（mm）	比例误差系数 b（mm/km）	约束平差后最弱边方位角中误差（″）	约束点间精度		约束平差后最弱边边长相对中误差
				方位角中误差（″）	边长相对中误差	
一等	≤5	≤1	—	—	1/500000	1/250000
二等	≤5	≤2	1.3	0.9	1/250000	1/180000
三等	≤5	≤3	1.7	1.3	1/180000	1/100000
四等	≤6	≤4	2.0	1.7	1/100000	1/70000
五等	≤10	≤5	3.0	2.0	1/70000	1/40000

注：当边长短于500m时，一等、二等、三等边长中误差应小于5mm，四等边长中误差应小于7.5mm，五等边长中误差应小于10mm。

条文说明

采用全球导航卫星系统（GNSS）建立的卫星定位控制网的精度分级是在充分考虑卫星测量精度高，布网灵活性强，相邻等级网的布网方法、测量方法和观测时间没有太大差异的前提下，根据磁浮交通工程对测量精度的需要和磁浮交通工程卫星测量网带状布设，长、短边边长悬殊等特点划分的。

固定误差 a 与比例误差系数 b 取值应根据实际测量误差确定，综合卫星定位测量实践经验，应随精度等级变化而制定，与所使用仪器的标称精度无关。

关于基线长度短于500m时边长中误差的规定，由于GNSS测量存在固定误差，对于短基线，难以满足表5.2.3中基线边方位角中误差及约束平差后最弱边边长相对中误差的要求。因此对于短于500m的基线，按"一、二、三等边长中误差应小于5mm，四等边长中误差应小于7.5mm,五等边长中误差应小于10mm"要求执行,无须再满足表5.2.3中基线边方位角中误差及约束平差后最弱边边长相对中误差的要求。

5.2.4 边角控制网包含导线、三角形网和自由测站导线网,导线可布设成附合单导线、闭合导线、导线环网或交叉导线网,各等级导线测量的主要技术要求应符合表5.2.4的规定。

表5.2.4 导线测量的主要技术要求

等级	测角中误差(″)	测距相对中误差	方位角闭合差(″)	导线全长相对闭合差	方向观测测回数		
					0.5″级仪器	1″级仪器	2″级仪器
二等	1.0	1/250000	$\pm 2\sqrt{n}$	1/100000	6	9	—
三等	1.8	1/150000	$\pm 3.6\sqrt{n}$	1/55000	4	6	10
四等	2.5	1/100000	$\pm 5\sqrt{n}$	1/40000	3	4	6
一级	4.0	1/50000	$\pm 8\sqrt{n}$	1/20000	1	2	2
二级	7.5	1/25000	$\pm 15\sqrt{n}$	1/10000	1	1	2

注:1. 表中 n 为测站测角个数。
  2. 当边长短于500m时,三等、四等、一级和二级边长中误差分别应小于3mm、5mm、5mm和7.5mm。

5.2.5 中低速磁浮工程高程控制网按照等级和功能分为线路水准基点控制网和轨排控制网(CFⅢ)高程网,控制网的精度等级及布点要求,应符合表5.2.5的规定。

表5.2.5 高程控制测量等级及布点要求

名　　称	测量等级	点　间　距
线路水准基点	二等	≤1km
轨排高程控制网	精密水准	25~50m

条文说明

线路水准基点控制网测量按二等水准网施测、轨排高程控制网测量按精密水准施测,是根据已开通运营的长沙磁浮交通工程高程控制测量方法制定的。以长沙磁浮交通工程为例,轨排控制点25m一个,点密度较大,因此轨排控制网高程测量点间距为25~50m。中低速磁浮交通工程高程控制测量等级的划分是根据中低速磁浮交通工程建设的需要,在现行国家标准《工程测量规范》(GB 50026)的等级系列的基础上,增加了精密水准测量的等级。精密水准测量是介于二等水准和三等水准测量精度的一个等级,专用于轨排高程控制网测量。除增加的精密水准测量外,各等级高程控制网的精度等系列引用现行国家标准《国家一、二等水准测量规范》(GB 12897)和《国家三、四等水准测量规范》(GB 12898)。

5.2.6 CFⅠ控制点应沿线路走向布设,宜每隔2km布设一个点,一对中两点间的距离不宜小于600m，按二等网测量技术要求进行施测，全线宜一次布网、测量、整网平差。

5.2.7 CFⅡ控制点应沿线路布设，每500m左右布设一个点，平面采用三等控制网测量技术要求进行施测，高程采用二等水准测量技术要求进行施测。

5.2.8 轨排控制网CFⅢ应沿线路每隔25～50m布设一对，应附合于线路平面控制网CFⅡ，宜在沉降评估通过后进行施测。

5.2.9 轨排控制网CFⅢ平面测量采用自由测站导线法施测，CFⅢ平面网约束平差后应符合表5.2.9的规定，观测及数据处理等技术要求尚应符合现行中国铁建企业技术标准《中低速磁浮交通工程测量规范》（Q/CRCC 32802）的有关规定。

表5.2.9 CFⅢ平面网约束平差后主要技术要求

与已知点联测		与CFⅢ联测		点位中误差	相邻点的相对
方向改正数（″）	距离改正数（mm）	方向改正数（″）	距离改正数（mm）	（mm）	点位中误差（mm）
≤4.5	≤4.5	≤4.0	≤2.0	≤3.0	≤1.5

5.2.10 轨排控制网CFⅢ高程测量主要技术要求应符合表5.2.10的规定。

表5.2.10 CFⅢ高程的主要技术要求

高程改正数（mm）	高程中误差（mm）	平差后相邻点高差中误差（mm）
≤1.0	≤2.0	≤0.5

5.2.11 工程建设期间，应加强平面控制网和高程控制网复测维护工作，定期复测内容、频次应符合下列规定：
1 施工单位接收控制网后，应对CFⅠ、CFⅡ进行复测。
2 施工单位在工程建设期间每半年应对CFⅠ、CFⅡ复测一次。
3 一般情况下宜逐级控制进行约束平差，困难时可选用测段内稳定的同级控制点进行约束平差，分段进行数据处理与分析。

条文说明

由于在工程建设期间，控制网破坏或受施工干扰，因此定期对控制网进行维护。不定期维护主要是根据工程需要，为保持控制网的准确稳定，进行的复测；特殊地质条件或特殊情况下，加强复测维护。

一般情况下，勘察设计单位在CF0、CFⅠ、CFⅡ复测时逐级控制进行约束平差，由于工程进度原因需要分段进行复测时或各施工单位独立进行复测时，无法严格按照等级控制要求进行平差计算,因此规定可采用同级控制点进行约束平差,但应注意对选用的约束点进行稳定性分析。

5.3 轨排及道岔

5.3.1 轨排及道岔测量和检测应以轨排控制网CFⅢ为控制基准。

5.3.2 轨排及道岔定位点放样应符合下列规定:

1 轨排及道岔定位点放样应依据CFⅢ控制点,采用全站仪自由设站进行测设,自由设站观测的CFⅢ控制点不宜少于3对。更换测站后,相邻测站重复观测的CFⅢ控制点不宜少于2个。

2 轨排及道岔定位点,自由设站点的精度宜符合表5.3.2所示要求。

表5.3.2 自由设站精度检查要求

X	Y	H	方　　向
≤1mm	≤1mm	≤1mm	≤3″

3 当自由设站点的精度不满足表5.3.3的要求时,在保证CFⅢ控制点不少于2对的前提下,应剔除超限CFⅢ点重新自由设站,直到满足要求为止。

4 在自由设站点精度满足要求的前提下,轨排定位点放样应符合下列要求:
(1) 轨排及道岔定位点单站的放样距离不宜大于60m。
(2) 轨排及道岔定位点放样纵横向允许偏差分别为2mm、1mm。
(3) 重复设站后的点位重复测量坐标差值不应大于2mm。

条文说明

　　自由设站是在工作区域的线路中线附近任意一点架设全站仪,测量线路两侧多对轨排控制网CFⅢ点的方向和距离,通过多点边角后方交会原理获取仪器中心点的平面和高程位置。为了保证测量精度,要有一定的多余观测量。另外为了相邻设站间的平顺搭接,要求相邻设站间有一定的重复观测点。

5.4 低置结构

Ⅰ 路基施工测量

5.4.1 路基施工平面测量可依据平面控制网采用全站仪极坐标法,高程测量可依据高程控制网采用水准测量或三角高程测量方法。

5.4.2 路基附属工程施工放样可依据控制网采用全站仪、全球定位系统实时动态测量(GNSS RTK)等方法。

5.4.3 支挡结构的施工放样应符合设计要求，结构尺寸误差、基底及顶部高程测量极限误差不应超过±5cm。

5.4.4 对于挖方支挡结构，应放样开挖边界，施工中控制好开挖边坡坡度。

5.4.5 路基挡墙施工测量时，应以控制网放样挡墙控制轴线，并钉设挡墙轴线桩，按水准测量或三角高程测量方法测定轴线桩高程。

Ⅱ 承轨梁施工测量

5.4.6 承轨梁施工测量应依据线路平面控制网CFⅡ，采用极坐标方法进行放样，并符合下列规定：
1 线路平面控制网CFⅡ分段布设时，每一段两端应至少包含两个共享控制点。
2 控制点应埋设在承轨梁上，并与地面上已有的高架结构施工控制点组成控制网。盖梁上控制点的点间距宜为100~150m，地面上的高架结构施工控制点平均间距宜为350m。
3 施工中，对承轨梁平面控制网应经常进行检测并进行稳定性评价，检测方法和精度应与初测一致。

5.4.7 承轨梁定位测量应符合下列规定：
1 承轨梁定位精度：X、Y、Z的施测值与设计值较差应符合设计要求。
2 承轨梁定位测量起算于布设在承轨梁上的控制点，使用前应进行稳定性检测，确认稳定后方可进行承轨梁定位测量。
3 承轨梁定位宜分为基准梁定位和中间梁定位。基准梁和中间梁应交错布置，宜先进行高程定位，再进行平面定位。
4 基准梁定位应采用满足定位精度要求的全站仪与水平仪，测定承轨梁的三维空间位置，通过调位千斤顶精确定位。

5.4.8 承轨梁施工完成后，应利用限界检查专用设备进行建筑限界检查测量。

5.5 桥梁结构

Ⅰ 墩（柱）基础施工测量

5.5.1 墩（柱）基础施工应利用线路控制点或加密点采用极坐标法、GNSS RTK等进行放样，放样后应采用在不同测站进行重复测量的方法进行检核。

5.5.2 同一里程处对多柱或柱下多桩组合的基础放样应分别进行，放样后应对柱或桩间的几何关系进行检核。

5.5.3 墩（柱）基础放样精度应满足：纵横向位置允许偏差为±20mm；高程允许偏差为±40 mm。

5.5.4 墩（柱）基础施工完成后，应进行基础承台施工测量。基础承台施工测量应符合下列规定：
1 主要放样内容应包括中心或轴线位置、模板支立位置和顶面高程。
2 基础承台中心或轴线位置允许偏差为±15 mm、顶面高程允许偏差为±20 mm。

Ⅱ 墩（柱）施工测量

5.5.5 应对基础承台中心或轴线位置进行检核测量，合格后进行墩（柱）施工测量。

5.5.6 墩（柱）施工测量应符合下列规定：
1 中心或轴线位置应利用线路控制点或施工加密点进行测设。
2 施工模板位置线应以墩（柱）中心和轴线控制，用全站仪进行检核。
3 模板垂直度可使用全站仪、吊锤等进行测量。
4 模板顶部高程可采用三角高程等方法进行测量，并应在内模标记设计高程线。

5.5.7 浇筑混凝土前，应对墩（柱）轴线和模板垂直度等进行复核测量，墩（柱）轴线施工测量精度不应超过±10mm，垂直度允许偏差为1‰。

5.5.8 墩（柱）施工完成后，应按下列要求测定墩（柱）顶帽中心坐标和高程：
1 利用施工测量控制点，将墩（柱）中心独立两次投测到墩（柱）顶帽，两次投测较差应小于3mm；以两次投点连线的中点作为最终投点。中心固定后应测量其点位坐标，实测坐标与设计坐标允许偏差为±10mm。
2 利用水准仪、全站仪测量墩（柱）顶部高程。顶部高程应按要求独立测量两次，其较差应小于5mm，并以两次测量高程的平均值作为最终高程。

Ⅲ 桥梁、承轨梁施工测量

5.5.9 悬臂浇筑梁段桥梁轴线允许偏差为10mm，桥梁顶面高程允许偏差为10mm。

5.6 地下结构

Ⅰ 联系测量

5.6.1 通过斜井的定向测量可通过洞外控制点以边角网测量的方法直接进洞，且应独立进行3次测量，3次测量的定向边方位角较差应小于11″。

5.6.2 每次联系测量应独立进行3次，定向边方位角两次允许偏差为±11″，合格后取平均值作为定向成果。采用竖井联系测量，地下近井定向边方位角允许偏差为±8″，地下近井高程点允许偏差为±5mm。

5.6.3 竖井联系测量的地下近井定向边应大于120m，且不应少于2条，传递高程的地下近井高程点不应少于2个。使用近井定向边和地下近井高程点前，应对地下近井定向边之间和高程点之间的几何关系进行检核，其较差应分别小于12″和2mm。

5.6.4 隧道贯通前的竖井联系测量工作不应少于3次，宜在隧道掘进到约100m、300m以及距贯通面100～200m时分别进行一次，当隧道掘进较长或施工周期较长时应增加竖井联系测量次数。各次地下近井定向边方位角较差应小于16″，地下高程点高程较差应小于3mm，符合要求时，可取各次测量成果的平均值作为后续测量的起算数据指导隧道贯通。

5.6.5 当隧道单向贯通距离大于1500m时，应采用高精度联系测量或增加联系测量次数等方法，提高定向测量精度。

条文说明

隧道单向贯通距离大于1500m时，由于贯通距离较长，测量贯通误差大，为避免应贯通误差影响贯通精度，往往在联系测量中采用双联系三角形进行一井定向、使用高精度陀螺仪、采取增加联系测量次数等高精度联系测量方法提高定向测量精度以减少对贯通精度的影响。另外城市轨道交通线路曲线较多，且半径小，因此造成地下控制点间距短，导线边多，对贯通精度影响较大。为提高贯通精度，每个测量环节都应采取措施，才能保证隧道按要求贯通。

Ⅱ 地下施工控制测量

5.6.6 平面控制测量宜采用导线网或自由测站边角交会网进行测量，高程控制测量应采用水准测量方法。

5.6.7 平面控制点点间距宜为150～250m，小半径段落可适当缩短；高程控制点宜与导线点共点，独立布设时点间距宜为500m左右。

5.6.8 地下平面和高程控制点标志，应根据施工方法和隧道结构形状确定，并宜埋设在隧道底板或两侧侧墙上。

5.6.9 进行平面、高程控制测量前，应对地下平面和高程起算点进行检测。

5.6.10 隧道掘进距离满足控制点间设计间距要求时，应及时布设地下控制点，并进行地下控制测量。

5.6.11 相邻竖井或相邻车站地下结构贯通后，施工控制网应进行贯通测量。

Ⅲ 地下施工测量

5.6.12 隧道施工测量前应对接收的测绘资料进行复核，并对施工控制点进行检测，根据施工方法和现场控制点分布情况制订专项施工测量方案。

5.6.13 施工测量应以地下施工平面控制点测设隧道中线，以地下施工高程控制点测设施工高程控制线。

5.6.14 隧道掘进距贯通面150m时，应对隧道内平面和高程控制点进行检核。

5.6.15 施工放样应依据地面或地下控制点进行，重要结构物施工放样应独立进行两次。

5.6.16 隧道贯通后，应进行平面和高程贯通误差测量。

5.7 车站及基地

Ⅰ 车　　站

5.7.1 暗挖地下车站施工测量应符合下列规定：
1 地下车站施工竖井、斜井等地面放样，应测设结构四角或十字轴线，放样后应进行检核。临时结构放样中误差应在±50 mm之内，永久结构放样中误差应在±20mm之内。
2 车站采用分层开挖施工时，宜在各层测设地下控制点，各控制点的测量中误差不应超过±5 mm，各层间应进行贯通测量。
3 采用导洞法施工时，上层边孔拱部隧道和下层边孔隧道两侧各开挖到100 m时，应进行上下层边孔隧道的贯通测量，其上下层边孔隧道贯通误差允许偏差为±60mm。贯通测量后应进行上、下层隧道线路中线的调整，并标定出隧道下层地板上的左、右线线路中线点和其他特征点。
4 采用双侧壁或桩及梁样洞法时应利用施工导线测设壁、桩或梁柱的位置，其测量允许偏差为±5mm。
5 车站钢管柱的位置，根据车站线路中线点测定，其允许误差不应超过±3mm。钢管柱安装过程中应监测其垂直度，安装就位后应进行检核测量。
6 进行车站结构二衬施工测量前，应先恢复上、下层隧道底板上的线路中线点和水平点，下层底板上恢复的线路中线点和水平点，应与车站两侧区间隧道的线路中线点进行贯通误差测量。根据现场情况需要进行下层底板上的线路中线点和水平点调整时，其调整幅度不宜超过5mm。

7 车站站台的结构施工，应使用已调整后的线路中线点和水平点。月台沿边线模板测设应以线路中线为依据，其间距误差为0～5mm。月台模板高程宜低于设计高程，测设误差为-5～0mm。

5.7.2 明挖地下车站施工测量应符合现行国家标准《城市轨道交通工程测量规范》（GB/T 50308）的相关规定。

Ⅱ 基 地

5.7.3 车辆基地施工控制网测量应符合下列规定：

1 车辆基地平面和高程施工控制网应在CFⅠ、CFⅡ平面控制网和线路水准基点控制网上。

2 施工控制网宜布设在车辆基地的周边及建设空地上，对控制点应进行加固和保护，满足建设期间施工要求。

5.7.4 车辆基地施工测量应包括施工场地测量、建筑物及附属设施测量。

5.7.5 施工场地测量应包括场地平整、施工道路、临时管线敷设、临时建筑以及场地布置等测量工作，并应符合下列规定：

1 场地平整测量应根据总体设计及施工方案的有关要求进行。采用方格网时，方格网边长在平坦场区宜为20 m×20m，地形起伏场区宜为10m×10m。

2 施工道路、临时管线与临时建筑物等的位置，应利用场区测量控制点，根据施工现场总平面图，采用极坐标方法进行施工放样。

3 对施工场地内需要保留的原有地下建筑、地下管线、古树等应采用双极坐标法进行细部测量，且应符合图根控制点的精度要求。

5.7.6 建筑施工测量应包括建筑轴线施工控制测量、建筑及附属设施细部点放样测量等，并应符合下列规定：

1 建筑物高程控制网，可直接利用车辆基地施工高程控制点，或在其基础上加密的高程控制点。加密高程控制点时，应采用水平测量方法，并构成附合水平线路。

2 放样测量应依据施工控制网和设计图进行。放样测量前应对设计资料及放样数据进行复核和验算。平面放样测量宜采用极坐标法、直角坐标法和交会法等。高程放样测量宜采用水平测量方法。

3 建筑轴线和建筑细部放样以及竖向投测误差应小于施工允许偏差的1/3～1/2。

4 放样后，应进行检核测量。检核测量内容应包括建筑轴线和建筑细部放样点的平面坐标以及50线或1m线的高程等。放样点平面设计坐标与实测坐标分量较差应分别小于10mm，50线或1m线的设计高程与实测高程较差应小于10mm。

5.7.7 车辆基地线路应包括出入段线、车场线及地面联络线等，其测量内容应包括定线测量、线路路基施工测量和铺轨测量。

6 轨道

6.1 一般规定

6.1.1 轨排应满足中低速磁浮交通工程的线路条件要求。

6.1.2 施工单位应按照建设单位的合同要求对道岔、轨排组装等产品加工质量进行监造。

6.1.3 轨道应以轨排为单元进行铺装，铺装前应具备下列条件：
1 设计文件齐全，图纸经过会审。
2 轨道安装、轨道工程安全等专项施工方案已审批并进行技术交底。
3 线下结构验收合格并完成交接。
4 轨排测量控制网 CFⅢ已测设完成并出具了测量成果。
5 施工区段内供电、供水、照明和场地条件满足要求。
6 施工机具齐备并已进行检查调试。

6.1.4 轨排运输与吊装应制定专项施工方案，应包含保证施工安全、轨排几何形状稳定及避免表面损伤等措施。

6.1.5 轨道精调前应选取有代表性的区段进行测量工艺性试验，确定测量频次、点位布置、工装研发与调试等相关参数。

6.1.6 轨道的平面位置、高程、曲线超高应符合设计要求。

6.1.7 轨道施工完成后，应进行线路贯通复测，并设置线路标志。

6.2 界面工程

6.2.1 轨道工程施工前应接收 CFⅢ测量成果和工后沉降报告，并应符合设计要求。

6.2.2 轨道工程施工前应与线下工程进行工序交接，并及时复测。

6.2.3 路基面、桥面、隧道仰拱回填层或底板的中线、高程、宽度、平整度应符合相关标准规定。

6.2.4 预埋件表面的水泥浆、油渍、锈蚀等应清除干净,其规格、材质、位置、数量、状态应符合设计要求。

6.2.5 梁面承轨台施工区域表面应按设计要求进行拉毛处理,拉毛纹路均匀、清晰、整齐。

6.2.6 界面工程位置、数量、施工精度、误差控制等应满足相关专业设计要求。

6.3 轨排进场检验

6.3.1 轨排接收后,应对进场轨排进行抽检。直线轨排抽检频率为该批次的10%,曲线轨排抽检频率为该批次的20%。对不符合验收标准的轨排,应对该批次进行加密抽检,抽检仍不合格,应逐个检查,并对不合格轨排进行返厂处理。

6.3.2 轨排进场质量检验应符合下列规定:
1 供货商应提供如下文件:
(1)轨排出厂合格证。
(2)原材料质量证明书及检测报告。
(3)原材料复验质量证明书及检测报告。
(4)机械加工检查记录表。
(5)轨排组装质量记录表。
2 单组轨排组装尺寸允许偏差应符合表6.3.2的规定。

表6.3.2 单组轨排尺寸允许偏差

序 号	检 查 项 目	允许偏差(mm)
1	轨距	±1
2	两F型钢对角线长度	≤2
3	相邻两轨枕间距	±2
4	同一横截面四磁极面共面度	≤1
5	F型钢端部滑行面键槽间距	≤0.4
6	轨排长度方向任意4m线形偏差	(弦高)≤1.5
7	感应板上表面各固定螺钉间的平面度	≤1
8	F型导轨的总高度要求	满足设计要求

条文说明

F 型导轨的总高度要求的设计值需要跟车辆供货商设计联络确定，宜取值 $100_{-0.5}^{+0.3}$ mm。

6.3.3 轨排接收单位应对进场的轨排进行开箱检查。轨排数量、类型、外观、加固情况等应符合要求，相关质量文件、证书应齐全。

6.3.4 轨排进场检验内容包括外观质量、线形检测、结构尺寸检测、平整度检测、磁极面共面度检测、轨距检测等，并应填写质量验收记录表。

6.3.5 轨排检测应放置于验收合格的检测平台上进行。轨排检测平台台座表面的共面度精度允许偏差为 ±1mm，共面度应定期检查和调整，检查方法宜选用共面度检查尺或电子水准仪测量。

条文说明

轨排检测平台是检测轨排内部尺寸的静置平台，也是确保检测准确性的基础。轨排的 F 型导轨磁极面放置于检测平台上，为了检测磁极面的共面度，需要调整检测平台的精度允许偏差为 ±1mm。平台多为刚性材料，宜采用复合钢。轨排精度检测平台可参考图 6-1。

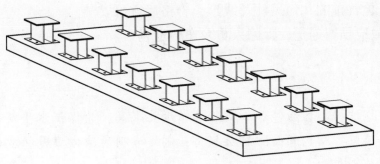

图 6-1 轨排精度检测平台示意图

6.4 轨排运输与存放

6.4.1 轨排吊具的刚度应满足轨排吊装要求，宜采用钢结构吊具。吊装时，应设置防晃绳索，不得碰触感应板。

条文说明

为满足轨排组装的各项精度满足设计要求，避免因吊装导致内部尺寸发生改变，采用专用吊具。吊具满足轨排起吊过程中保持水平，且吊点的间距保证轨排中部不发生过大挠度。一般设置3对共6个吊点，吊点间距为3~4m。可采用作用于轨枕的吊具或作用于F型导轨的吊具，由于作用于轨枕的吊具尺寸固定，特殊情况下轨枕间距不一致时不可使用，宜采用作用于F型导轨的吊具。作用于F型导轨的吊具示意图如图6-2所示。

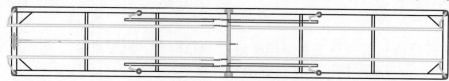

图6-2 作用于F型导轨的吊具示意图

6.4.2 轨排运输应采用专用车辆及轨排支架运输，运输过程中应捆绑牢固，不得损伤导轨及感应板，并应符合下列规定：

1 短途运输轨排悬挑长度应小于2.8 m，捆绑数量不少于3道。
2 轨排运输叠放不应超过6层。

6.4.3 轨排存放应符合以下规定：

1 存放场地应坚实平整，承载力满足存放要求，所处位置便于吊装和运输。
2 轨排堆码层间设置相同高度的垫木，每个轨枕处均应设置垫木，垫木支撑在轨枕上并靠近导轨，垫木间隔不宜大于4m并在同一垂线上。
3 轨排堆码整齐，堆码层数不宜超过8层，并应采取有效的防倾翻措施。
4 轨排进场检验合格后，应及时安装，不宜长时间存放于轨排基地。轨排存放超过6个月，应复检轨排的几何尺寸及线形，合格后方可安装。
5 轨排存放应预留通道，保障人员及车辆通畅。

条文说明

轨排为组装钢结构，各组件加工及组装精度要求高，为保证水平及垂直运输几何形状稳定，防止感应板、结构表面防腐层损伤，制定专项运输方案是必要的。轨排运输加固可采用图6-3方案执行。

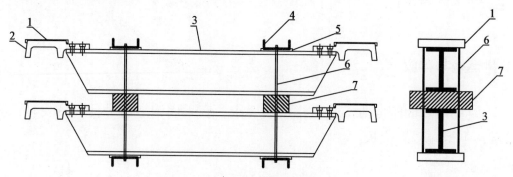

图6-3 中低速磁浮轨排运输加固示意图

1-感应板；2-F型钢；3-钢轨枕；4-[10槽钢；5-橡胶垫片；6-连接钢筋；7-短木块

6.5 轨排铺设

Ⅰ 轨排初铺

6.5.1 轨排初铺作业可按图 6.5.1 所示流程进行。

图 6.5.1 轨排初铺作业流程图

6.5.2 轨排铺设前，宜搭设提供安全保障和操作空间的施工平台，施工平台应符合下列规定：
1. 施工平台应经过承载力、稳定性受力验算，验算合格方可投入使用。
2. 施工平台的搭设应预留承轨台支模空间。
3. 平台零构件连接应牢固可靠，焊缝饱满，焊缝长度符合相关规范要求。
4. 施工平台密目网和防坠网张挂应密实、无死角，并绑扎牢靠。
5. 平台使用过程中，应定期检查，及时更换不满足功能要求的构件。

条文说明

以长沙磁浮交通工程为例，承轨梁顶部宽度为1.3m，轨道顶部宽度为2.08m，轨道两侧F型导轨处于悬空状态，人工作业没有空间，因此搭设施工平台，用于提供作业空间和安全临边防护。施工平台考虑单线和双线。单线和双线施工平台可分别参照图6-4及图6-5。

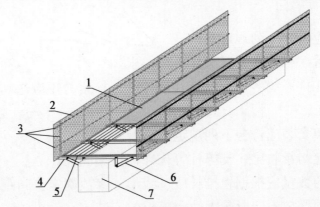

图 6-4 单线梁安全平台示意图
1-木板；2-安全网；3-支架钢管；4-钢梁；5-钢筋；6-固定架；7-承轨梁

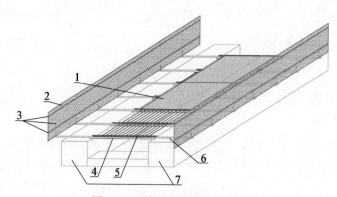

图 6-5 双线梁安全平台示意图
1-木板；2-安全网；3-支架钢管；4-钢梁；5-钢筋；6-钢槽；7-承轨梁

6.5.3 初铺点放样应符合下列规定：
1 轨排初铺点放样应能满足轨排方向、里程的基本控制要求。
2 初铺点宜选用每榀轨排两端第一根轨枕外侧中心点，并做好标记。
3 初铺点放样结束后应及时给操作人员交桩，并完善测量签认手续。

6.5.4 轨排吊装对位应符合下列规定：
1 吊装前应核对轨排编号、里程、左右线、长度等参数。
2 落轨期间应适时调整轨排位置，宜设置限位装置，确保对位精度，对位横向误差不宜大于 20mm，纵向误差不宜大于 10mm。
3 临时支撑应按轨枕位置在轨排吊装前完成布设，间距不宜大于 3m，并应稳定、牢靠。

条文说明

轨排在吊装过程中由于吊具顶端悬挂绳索，并处于高架区域。轨排吊起后容易晃动，人工对位难度极大。在轨排完全落稳之前不断进行轨排位置的调整，以满足初铺的对位精度。可设置限位装置限制轨排移动，帮助轨排快速对位。

6.5.5 扣件安装应符合下列规定：
1 扣件安装位置、构件布置应符合设计要求。
2 扣件螺栓在扣件系统各部件组装好后拧紧，拧紧力矩应达到设计值。

6.5.6 轨排支撑架安装应符合下列规定：
1 轨排支撑架应与承轨梁、支撑柱等构件连接牢固。
2 轨排支撑架的数量应根据轨排长度、线形等参数确定，间距不宜大于 3m。
3 轨排支撑架的摆放不应影响承轨台模板的安装。
4 轨排支撑架安装之前应保持千斤顶处于水平状态。

5 轨排支撑架安装时不得损伤轨排。

6 轨排支撑架安装完成后,应在轨排端头轨枕下设置千斤顶。

条文说明

轨排在浇筑承轨台之前需要进行精调,需要通过轨道支撑架支撑轨道,并利用支撑架调整轨道的实时形态,以满足设计的精度要求。支撑架应与下部基础承轨梁、简支梁有效固定,确保轨道在精调过程中支撑架位置不发生移动或倾斜。另外支撑架能够满足轨道的横向及高程的调整需要,用以满足不同线路状态下的轨道线形调整。另外,轨道支撑架安装考虑轨排的纵向挠度,设置其间距不宜大于3m,否则轨道内部尺寸发生改变,不利于轨道调整。

轨道支撑架安装于F型导轨下方,在安装和拆除过程中要特别注意保护轨排,避免轨道支撑架操作不当使得轨排发生损伤。另外,考虑轨道施工的工序衔接,支撑架安装的位置不得占用承轨台浇筑立模的空间,以免与后期工序发生冲突。支撑架示意图如图6-6所示。

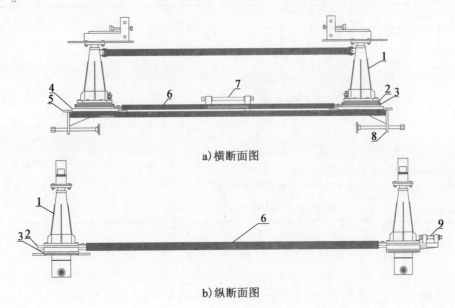

图6-6 轨排调节装置示意图

1-千斤顶;2-纵向滑床板;3-纵向滑槽;4-横向滑床板;5-横向滑槽;6-横移连杆;7-横移螺栓;8-纵移连杆;9-纵移螺栓

6.5.7 轨排落位应符合下列规定:

1 轨排应在支撑架安装好以后用起道机顶起,起道机应对称布置,起落速度应协调一致。

2 轨排升起后,撤除临时支撑,缓慢落下轨排。

3 轨排落位应保持轨排平稳,并用垂线检查轨排的对位情况。

Ⅱ 轨排精度调整

6.5.8 轨排粗调和精调宜采用全站仪自由设站方法进行测设,自由设站观测的CFⅢ控制点不宜少于3对。更换测站后,相邻测站重复观测的CFⅢ控制点不宜少于1对。

6.5.9 自由设站点的精度应符合本规范表5.3.3的规定。

6.5.10 轨排粗调应符合下列规定:
1 轨排落位后,可在全站仪自由设站测量的辅助下,用人工配合支撑架调整轨道的线形状态。
2 轨排空间位置的调整应按纵向、横向、竖向的顺序进行,且在调整的轨排前后至少搭接2榀轨排。
3 调整完成后,应采用弦线,按竖向、横向、是否错台的顺序检查轨道的平顺性。
4 轨排粗调平顺度宜满足表6.5.10的要求。

表6.5.10 轨排安装的粗调平顺度

序 号	部 位	允 许 偏 差
1	水平	±3mm
2	高低	3mm/4m
		5mm/10m
3	轨排里程	±10mm
4	方向	3mm/4m
		5mm/10m
5	轨缝	±3mm
6	轨缝错位(竖向/横向)	±2mm

条文说明

轨排精度调整是通过全站仪测量轨道的实时形态,并将采集的数据进行对比分析,然后利用支撑架轻微调整轨道的横向与竖向位置,使得轨道线形能够满足设计要求。而支撑架横向移动是通过人工转动螺栓顶移轨道实现的,支撑架竖向移动是通过人工扳动千斤顶,利用千斤顶顶起或降落轨排。

轨排在测量时考虑轨道的顺接,不仅要测量需要调整的轨排,还要保证该段轨排与已经浇筑完好的轨道和将要调整的轨道顺接良好。不仅要在局部保证轨道的顺接性,还要保证整体的轨道顺接。因此在测量精调过程中应前后搭接至少2榀轨排进行调整。测量示意图如图6-7所示。

6.5.11 轨排精调应符合下列规定:
1 精调应在设计锁定轨温规定的温度变化范围内进行,若精调结束后超出锁定轨温，应在温度达到锁定轨温后重新复测。

图6-7 轨排粗调测量示意图

2 调整前应利用棱镜配合全站仪采集轨道实时数据，在数据处理、误差对比的基础上制订调整计划。

3 全站仪测量精调时前后需搭接测量25~50m的距离。全站仪测量的棱镜点位间距宜为3~4m，曲线地段间距可缩短到2~3m。棱镜点位宜靠近支撑架。

4 误差较大的点位应优先调整，其他点位按纵向、横向、竖向的顺序调整。

5 全站仪调整完成后，利用弦线复核轨道线形，曲线应检查正矢。

6 调整好的轨排应妥善保护，并设置警示标志，张拉警戒线。

7 平曲线和竖曲线地段应加密测量，并应增加轨排支撑架数量和测量频次。

8 测量数据应有详细记录。

9 轨排精调平顺度应满足表6.5.11的要求。

表6.5.11 轨排安装的精调平顺度

序　号	部　位	允许偏差
1	高低	1.5mm/4m
		3mm/10m
2	轨排里程	±5mm
3	方向	1.5mm/4m
		3mm/10m
4	轨缝	±2mm
5	轨缝错位（竖向/横向）	±1mm
6	精调温度	±5°C

条文说明

棱镜采用专用棱镜，并通过专用测量软件对比实测数据与设计计算数据之间的误差，从而提供了各个点的调整量。根据点位的误差分析，制订相应的调整计划，确保轨道平顺。

全站仪采集的三维坐标数据，通过磁浮轨道精确测量定位软件实时计算出实测值与理论值的偏差，从而指导轨排调整，同时利用轨排支撑架进行微调，手摇竖向千斤顶调整轨道高程、高低方向位置，横向螺杆调整轨道水平方向位置，直至将轨道调整至设计状态。

轨排精调测量示意图如图 6-8 所示。

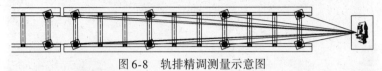

图 6-8　轨排精调测量示意图

曲线地段考虑线形状态变化较大，尤其缓和曲线段，每个断面状态均在改变，因此为了提高精度，曲线段需增加支撑架数量和测量的次数，保证各个曲线线形能够精调到位。

6.6　接头安装

6.6.1　两榀轨排之间应设置轨排接头，轨排接头安装前应进行检查验收，验收标准应符合相关规定。

6.6.2　应在设计要求的轨温条件下安装轨排接头。

6.6.3　轨排接头应结合轨排铺设同步安装。

6.6.4　轨排安装调试完成后，应及时紧固连接板、活动板的螺栓，拧紧力矩应达到设计要求，接头位置应符合设计要求。

6.6.5　轨排连接板安装完成后，应及时安装连接键，并按设计要求将连接键的一端与轨排焊接，焊接质量应符合设计要求。

条文说明

由于磁浮交通系统的轨道处有很大的磁吸附力，每榀轨排的连接键都要进行连接，以固定连接键，防止车辆通过时出现事故。

6.6.6　相邻轨排的轨排接头处应采用接地线及螺栓进行连接，接地线宜采用镀锌软铜绞线。

6.6.7　连接螺栓沉孔密封方式应满足设计要求，其顶面不应超出滑橇支撑面。

条文说明

轨道安装面为 F 型导轨与轨枕连接部位的上面，示意图如图 6-9 所示。

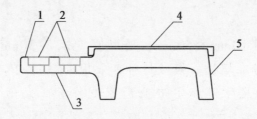

图 6-9 安装面示意图
1-滑橇支撑面；2-连接螺栓；3-安装面；4-感应板；5-F 型钢

6.6.8 曲线轨排接头应区分接头内侧和外侧，并正确安装。

6.7 承轨台施工

6.7.1 承轨台施工可按图 6.7.1 所示流程进行。

图 6.7.1 承轨台施工流程图

6.7.2 钢筋制作与安装应符合下列规定：
1 钢筋进场应上盖下垫。
2 钢筋制作应符合设计尺寸要求及现行行业标准《铁路混凝土工程施工质量验收标准》（TB 10424）的有关规定。
3 钢筋半成品应分类堆码整齐并做好标记。
4 钢筋绑扎宜按先下后上，先外后内的原则进行绑扎。
5 分布筋与扣件螺栓位置冲突时，应适当调整钢筋位置。
6 承轨台箍筋及分布筋应与预埋钢筋绑扎牢固。

6.7.3 模板安装应符合下列规定：
1 承轨台模板宜选用轻质、定型材料加工。
2 曲线超高部分，可采用顶面加高的方式配置模板。
3 模板拼装应密贴无缝不漏浆，浇筑前应清理并涂刷脱模剂。
4 模板经验收合格后方可使用。

条文说明

模板边框宽度可采用 10mm×50mm，通肋宽度采用 30mm，背楞宽度采用 30mm，连接螺栓采用 M12×30 标准螺栓。模板材料可采用丙烯腈-丁二烯-苯乙烯共聚物（ABS 材质），根据承轨台结构尺寸可指定专业厂家制作加工。示意图如图 6-10 和图 6-11 所示。

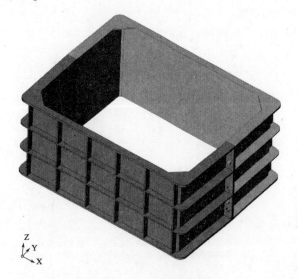

图 6-10　对拼模板效果图

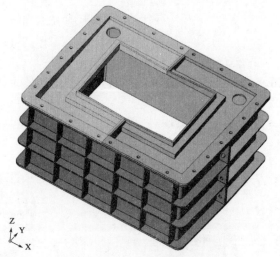

图 6-11　曲线超高段模板效果图

6.7.4 承轨台浇筑材料应符合设计要求。

6.7.5 承轨台浇筑应符合下列规定：

1　一个测区内的承轨台混凝土应一次浇筑完成，不得间断。
2　轨道曲线超高应按设计要求进行设置，并应保证线形平顺。
3　承轨台浇筑前应对安装好的扣件进行遮盖。
4　承轨台表面应抹面整平，平整度允许偏差为 3mm、高程允许偏差应为 -5~0mm。
5　混凝土浇筑时应合理选用振捣设备，振捣不应触碰已精调好的轨排。
6　浇筑完成后及时覆盖并洒水养护，待混凝土强度达到 50% 后方可拆除模板及支撑架。
7　承轨台表面应光洁，不应有蜂窝、露筋、空洞、裂缝、掉角等现象，麻面面积不应超过总面积的 5%。

条文说明

本条由于锁轨温度条件制约，精调完成后时间越长，轨排的线形状态改变的可能性越大，因此轨道在精调完成后需尽快组织浇筑，并尽量一次性浇筑完成，避免二次精调影响轨道整体线形。

6.8 轨道整理与复测

6.8.1 轨道整理应在轨道安装连续长度达 2km 以上后进行贯通测量，利用全站仪对精调完成的轨排进行最后的复测，将复测采集的数据进行处理，计算轨道需要调整的数值，通过扣件系统调整高程和方向。

6.8.2 特殊地段轨道整理无法采用全站仪复测时，可采用拉弦线的方式对检测的数据进行分析，根据计算出的短波调整值在相应轨排上做好标记。调整时，每次松开不宜超过三根轨枕的扣件螺母，可利用小型千斤顶顶起轨枕，通过扣件系统调整高程和方向。

6.8.3 轨排接头复测应符合下列规定：
1 现场复测宜采用仪器或弦线测量法进行检查。
2 首先应检测接头两侧长轨排的线形状态，满足要求后方可搭接两侧长轨排检测接头的线形。
3 Ⅲ型接头地段的线形调整，应先调整接头处的偏差，再调整其他短轨。
4 轨排接头错位允许偏差为 ±1mm。

条文说明

本条在满足架设仪器的情况下右线选用仪器测量来检查接头的安装质量，当现场无法满足仪器架设和观测的情况下，采用弦线法进行测量。

6.9 轨道附属设施与标志

6.9.1 车挡基础应满足车挡的技术条件。

6.9.2 线路及信号标志的式样应符合设计规定，色泽应鲜明醒目，图像端正清晰，安装牢固。轨道防雷接地应按设计要求执行。

6.10 备品备件

6.10.1 轨道备品备件材料应按设计备存。备件材料应保持完整性，并存放在指定位置，在工程验收时一并移交。

7 道岔

7.1 一般规定

7.1.1 道岔应在工厂进行预组装，合格后方可运至现场安装、调试。

7.1.2 道岔进行铺设前应具备下列条件：
1 道岔基础应符合设计要求并验收合格。
2 道岔桥或道岔平台周边应具备满足汽车式起重机作业的空间。
3 作业区段供电、供水、照明和场地条件应满足施工要求。

7.1.3 道岔安装施工应按照经审查批准的施工组织设计和安装施工计划作业书进行，宜与线路施工、道岔基础、供配电、给排水、信号、承轨梁、运输等专业的施工协同进行。

7.1.4 道岔设备安装后应进行人工转辙试验、输入电源测试、单动和联动试验、信号收授权试验、信号联调试验及车辆通过试验，试验合格后方可投入正式运行。

7.2 道岔监造

7.2.1 道岔应进行厂内预组装，并应符合下列规定：
1 道岔主要构件的钢结构材料应符合现行国家标准《碳素结构钢》（GB/T 700）或《低合金高强度结构钢》（GB/T 1591）的规定。
2 所有材料和外购件均应有产品质量证明文件。
3 焊缝外部检查不应有目测可见的明显缺陷，焊缝外部缺陷应符合现行国家标准《金属熔化焊接头缺欠分类及说明》（GB/T 6417.1）的规定。
4 道岔梁、台车横梁、铰轴连杆等主要受力结构应按设计要求对焊缝进行无损检测，并提供相应的检测报告。
5 道岔的安装要求除应符合现行行业标准《中低速磁浮交通道岔系统设备技术条件》（CJ/T 412）有关规定外，还应符合下列规定：
（1）转辙距离允许偏差为±1.5mm。
（2）相邻岔位转辙时间不应大于15s，非相邻岔位的转辙时间不应大于25s。

7.2.2 道岔外观、防腐涂装应符合下列规定：
 1 道岔外观无裂纹，各部分螺栓无松动、锁定牢靠。
 2 道岔表面应进行防腐处理，涂层外观应平整、色泽一致，面漆颜色与标准色卡一致，无气泡、裂纹、漏漆、针孔、脱皮、无严重挂流和橘皮等缺陷。
 3 重要结构件在涂装前应进行表面喷丸或抛丸的除锈处理，应满足《涂覆涂料前钢材表面处理 表面清洁度的目视评定 第1部分：未涂覆过的钢材表面和全面清除原有涂层后的钢材表面的锈蚀等级和处理等级》（GB/T 8923.1）规定的Sa2.5除锈等级，其他结构件应达到Sa2或St3的除锈等级。

7.3 道岔运输与吊装

7.3.1 道岔运输与吊装前应编制专项施工方案，方案应包含保证运输和吊装安全的措施。

7.3.2 运输车辆和起吊设备的选择应与道岔结构和铺设场地相适应。

7.3.3 基础板运输及吊装过程中应采取防止基础板产生塑性变形的措施。

7.3.4 道岔梁应按照设计起吊点同时起吊，在吊具与道岔梁接触处应设软性夹垫。

7.3.5 道岔的防腐涂层在运输和安装过程中如有损伤应及时进行修补。

7.4 道岔基础平台和道岔基础

Ⅰ 道岔基础平台

7.4.1 道岔设备墩台应在质量合格的道岔桥或道岔平台上进行施工。

7.4.2 道岔基础平台施工前，应凿除已浇筑下部结构混凝土表面的水泥砂浆和松弱层，凿毛后露出的新鲜混凝土。经凿毛处理的混凝土面应用水冲洗干净，不得存有积水。

7.4.3 道岔基础平台钢筋的规格、数量、钢筋骨架形式、钢筋连接方式应符合设计要求。

7.4.4 道岔基础地脚螺栓预埋位置应准确且垂直无倾斜。

7.4.5 道岔设备基础的施工应符合下列规定：

1 支撑脚、地脚螺栓与道岔设备墩台钢筋笼应焊接牢固，精度满足设计要求。

2 道岔设备基础板的高程应通过调整支撑脚上螺杆长度实现，高程应满足设计要求，支撑脚与基础板应焊接固定。

3 安装到基础板上的地脚螺栓与道岔设备墩台钢筋笼应绑扎牢固，伸出长度应满足设计要求。

4 混凝土宜分两次浇筑，一次混凝土浇筑完成后，将道岔设备墩台预埋钢板、地脚螺栓、支撑脚等进行预埋，经测量复核预埋件埋设位置无误且一次浇筑混凝土强度达到一定强度后，方可进行第二次浇筑，浇筑及验收应符合现行国家标准《混凝土结构工程施工质量验收规范》（GB 50204）的有关规定。

5 混凝土浇筑完成后，应及时对混凝土覆盖保温保湿养护。

Ⅱ 道 岔 基 础

7.4.6 道岔基础施工和混凝土浇筑应符合现行国家标准《混凝土结构工程施工质量验收规范》（GB 50204）的有关规定。

7.4.7 应在质量合格的道岔桥或者道岔平台上进行道岔基础施工。

7.4.8 完成道岔基础平台的钢筋网绑扎后，将基础平台移交给道岔施工单位时，绑扎的钢筋应符合设计要求。

7.4.9 在安装支撑脚前，应在道岔桥或道岔平台上标记出岔心点、岔前点和岔后点位置。

7.4.10 基础板安装前，应先完成基础板上的台车走行轨道安装。

7.4.11 道岔基础施工可分为支撑脚安装和基础板安装两个阶段，基础板安装应在支撑脚安装验收后进行。

7.4.12 根据道岔基础施工图纸，测定支撑脚位置后将支撑脚与道岔设备基础钢筋进行焊接固定。

7.4.13 支撑脚位置可根据现场施工情况做适当调整，不宜割除预留钢筋，支撑脚安装位置允许偏差为±20mm，垂直度允许偏差为±1°。

7.4.14 支撑脚现场定位焊接后，应对支撑脚上的螺纹孔做好防护。

7.4.15 混凝土宜分两次浇筑，第一次混凝土浇筑强度达到设计强度的70%以上后，方可进行二次浇筑。

7.4.16 浇筑后应及时清理粘在道岔基础板上和回转中心基础板中心孔内的泥浆。

7.4.17 地脚螺栓安装到基础板上，螺栓伸出长度符合设计要求。

7.4.18 电气柜底座预埋板应预埋在道岔平台内，在道岔平台浇筑前，应提前将电气柜预埋板固定在钢筋笼上，预埋板顶面宜高出道岔桥或道岔平台面1~3mm。

7.4.19 电气柜基础和电缆基础应高于地面，并经过硬化处理。

7.5 道岔结构件安装

7.5.1 道岔结构件安装所采用的材料、半成品、整机均应有质量证明文件。

7.5.2 物料清单与实物、件数应相符，外观应完好。

7.5.3 道岔铺设工艺可按图7.5.3所示流程进行。

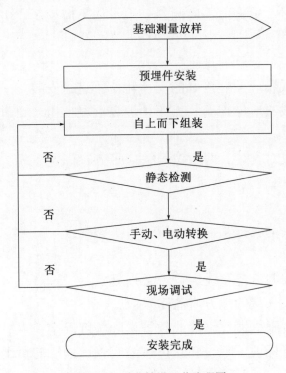

图7.5.3 道岔铺设工艺流程图

7.5.4 在进行结构件安装前应先进行道岔基础的复测。

7.5.5 道岔安装时应使道岔梁在正线位，直线度、平面度、F型导轨错位、轨缝等调整完成后再手动转辙到侧线位进行高程、轨缝等参数的调整。

7.5.6 驱动装置、锁定装置位置应现场调整至符合设计要求。

7.5.7 安装螺栓应按设计要求打扭力，并做好标记。

7.5.8 安装过程中现场配焊的部件，焊接完成后，应进行打磨、喷漆处理。

7.5.9 道岔梁安装和道岔铺设完成后，结构件安装的允许偏差应符合现行行业标准《中低速磁浮交通道岔系统设备技术条件》（CJ/T 412）的有关规定。

7.6 电控系统

7.6.1 道岔电控系统的安装位置、精度等应符合设计要求。

7.6.2 根据道岔电缆线的连接位置、电缆线型号和数量，布置安装相应规格的镀锌钢管或软管。

7.6.3 电气柜安装时，垂直面不应倾斜、水平面不应歪斜。电气柜门应可完全打开。

7.6.4 接线箱安装应符合下列规定：
1 道岔梁内的接线箱应按焊接好的支撑轨位置进行安装。
2 道岔梁外的接线箱应先把安装支座预埋在混凝土里，再进行接线箱的安装。

7.6.5 限位开关均成对安装，两限位开关应平齐，固定牢靠，安装位置应满足转辙、锁定或解锁到位时能同时触发的要求。

7.6.6 金属螺纹接头均应拧紧，软管应切口平整。

7.6.7 动力电缆、控制电缆布线应符合下列规定：
1 镀锌钢管与接头连接的地方应涂防水胶。
2 固定夹的密度宜根据镀锌钢管或软管实际长度确定。
3 每根线缆应进行标识，零线套蓝色热缩套管、地线套黄绿色套管。

7.6.8 接线应符合下列规定：
1 控制电缆中多余的芯线应不剖线、不剪断、不反向折弯，用热缩管缩紧线头。
2 电缆终端的连接应按照元器件说明书或原理接线图接线；接线箱配电柜等接线应按照端子图表连接。
3 所有的电机在接线前，应测试电机各绕组以及各相绕组与机壳间的绝缘电阻，其绝缘电阻不应小于20MΩ。

4 绝缘电阻测量时用的兆欧表电压等级与电机电压等级应对应，并应符合表7.6.8的规定。

表7.6.8 兆欧表电压等级与电机电压等级对应表

序 号	电机电压等级	兆欧表电压等级
1	100V以下	250V
2	500V以下	500V
3	500~3000V	1000V
4	3000V以上	2500V

7.6.9 电控系统接地应符合下列规定：

1 电控系统所有的箱柜外壳均应接地。

2 电气柜接地应先将不锈钢螺栓焊接在接地板上，焊后打磨焊缝使其平整，接地导线从柜子底部汇流条引出接至不锈钢螺栓上。

3 接线箱接地应先将不锈钢螺栓焊接在就近道岔的金属工装上，接地导线从箱内的接地螺柱上引出接至不锈钢螺栓上。

4 电气柜外柜接地应将柜内各个面的接地螺栓用导线串接，将不锈钢螺栓焊接在接地板上，就近从柜内的螺栓上引出接地导线接到接地螺栓上。

7.7 道岔调试

7.7.1 道岔安装完成后，应进行单机调试、系统调试和车辆通过试验。

7.7.2 单机调试应包括关键技术参数指标调试和功能调试，并符合系列规定：

1 道岔设备关键技术参数指标检测应符合表7.7.2-1的规定。

表7.7.2-1 道岔设备关键技术参数指标检测

序 号	项 目	检查内容	允许偏差（mm）
1	转辙精度	位置转换锁定后单开、三开、单渡线、交叉渡线道岔F型导轨接头处的外侧线与活动端垛梁F型导轨接头处的外侧线的错位	0.5
2	驱动导槽两侧间隙	驱动导槽两侧间隙	0.5

2 道岔设备功能调试应符合表7.7.2-2的规定。

表7.7.2-2 道岔功能调试项目表

序 号	检测项目	检测内容	技术要求
1	就地联动控制	控制柜定位命令	接收命令、解锁、转辙、锁定、位置表示功能正常
		控制柜反位命令	接收命令、解锁、转辙、锁定、位置表示功能正常

表 7.7.2-2（续）

序号	检测项目	检测内容	技术要求
2	就地单动控制	转定位分解动作操作	按钮操作完成解锁、转辙、锁定等操作
		转反位分解动作操作	按钮操作完成解锁、转辙、锁定等操作
3	表示功能	集中控制命令	在执行道岔转辙过程中无定位或反位表示信号。转辙到位并锁定后，表示信号正常
		就地联动命令	在执行道岔转辙过程中无定位或反位表示信号。转辙到位并锁定后，表示信号正常
		就地单动命令	在执行道岔转辙过程中无定位或反位表示信号。转辙到位并锁定后，表示信号正常
4	模拟故障	现场联动控制方式下，模拟故障检测	模拟两种故障，控制装置监测系统发出故障信号，并终止道岔当前动作

7.7.3 道岔系统调试包括集中控制、就地联动控制、单动控制、应急控制等功能调试，调试项目应符合表 7.7.3 的规定。

表 7.7.3 道岔系统调试项目表

序号	检测项目	检测内容	技术要求
1	集中控制	运行控制系统定位命令	接收命令、解锁、转辙、锁定、位置表示功能正常
		运行控制系统反位命令	接收命令、解锁、转辙、锁定、位置表示功能正常
2	就地联动控制	控制柜定位命令	接收命令、解锁、转辙、锁定、位置表示功能正常
		控制柜反位命令	接收命令、解锁、转辙、锁定、位置表示功能正常
3	就地单动控制	转定位分解动作操作	按钮操作完成解锁、转辙、锁定等操作
		转反位分解动作操作	按钮操作完成解锁、转辙、锁定等操作
4	表示功能	集中控制命令	在执行道岔转辙过程中无定位或反位表示信号。转辙到位并锁定后，表示信号正常
		就地联动命令	在执行道岔转辙过程中无定位或反位表示信号。转辙到位并锁定后，表示信号正常
		就地单动命令	在执行道岔转辙过程中无定位或反位表示信号。转辙到位并锁定后，表示信号正常

表 7.7.3（续）

序号	检测项目	检测内容	技术要求
5	授权	就地工作方式下不授权道岔不能操作	控制装置不能对道岔进行转辙
6	模拟故障	集中控制、现场联动控制方式下，模拟故障检测	模拟两种故障，控制装置检测系统发出故障信号并终止道岔当前动作
7	控制装置失电	对道岔位置的检测	道岔在定位或者反位锁定后，信号连锁装置能检测到道岔位置并表示信号
8	道岔转辙时间检测	单开道岔	不大于15s
		三开道岔	相邻岔位：不大于15s 极端岔位：不大于25s
		单渡线道岔	不大于15s
		交叉渡线道岔	不大于15s

7.7.4 道岔设备经系统调试后应进行车辆通过试验和道岔转辙检查，并应符合表7.7.4的规定。

表 7.7.4 道岔车辆通过试验和道岔转辙检查

序号	检测项目	检测内容	技术要求
1	通车检查	有无异音	车辆通过道岔时道岔本身无异常响动
		有无干涉	道岔不应有影响车辆通过的突出结构
		车辆通过	车辆应分别能在道岔正向位、侧向位顺利通过
2	道岔转辙检查	动作检查	一组或几组道岔同时动作时应无卡阻

8 低置结构

8.1 一般规定

8.1.1 施工前应核对设计文件及相关资料，调查并收集地下管线、构筑物资料。施工过程中，工程地质及水文地质条件应符合设计要求。

8.1.2 路基沉降评估应符合现行中国铁建企业技术标准《中低速磁浮交通工程测量规范》（Q/CRCC 32802）的有关规定。

8.1.3 施工用的填料、土工合成材料、钢材、水泥、砂石料、爆破器材、大型机械及检测设备应符合现行国家有关标准的规定。

8.1.4 承轨梁宜现场制作，宜采用金属材料模板现浇施工；当采用预制时，应符合本规范第 9 章的有关规定。

8.1.5 承轨梁在现场制作时应制定适合现场条件的工艺细则，并制定专项施工组织方案。

8.1.6 承轨梁放样定位、立模及混凝土浇筑后拆模前应观测、核对位置与高程，并定期复测中线桩和水平点。

8.1.7 路基施工中，应按照永临结合的原则，具备条件地段应先做好永久性排水和临时排水设施，再施作主体工程；不具备条件地段应先做好临时排水设施，永久性排水工程应与路基同步施工。

8.2 承轨梁

8.2.1 承轨梁施工前应检查下列内容：
1 承轨梁施工前应进行沉降观测且沉降评估满足设计要求。
2 基底平面位置、尺寸大小和基底高程应符合设计要求。
3 承轨梁下混凝土垫层应平整、整洁。顶面纵横向应有一定的粗糙度，不得污损。

4 承轨梁下节间防错台板尺寸应满足设计要求,与承轨梁底板连接应牢靠,耐磨滑动层结构厚度、铺设长度应满足设计要求,现场铺设应采取临时固定措施,确保平整,不得污损、起皱。

   5 基底地质情况和承载力应符合设计要求。

   6 对地基处理地段应检查施工记录及有关试验数据。

8.2.2 曲线设超高地段承轨梁中心线均与线路中心线存在偏心距及曲线地段曲梁曲做时,梁体平面线形控制放样及模板制作应考虑偏心距、曲梁曲做的影响,并应符合设计要求。

8.2.3 线路设置纵坡及竖曲线地段,承轨梁梁体各部位高程及模板制作应考虑纵坡及竖曲线的影响,并应符合设计要求。

8.2.4 承轨梁的放线定位应符合本规范第5章的有关规定。

8.2.5 承轨梁上各预埋件施工应满足相关专业设计要求,并符合本规范第5章的有关规定。

8.2.6 承轨梁浇筑期间应严格控制温度对混凝土收缩徐变的影响。养护梁体混凝土应包裹严实,且至少有一层不透水的裹覆层。梁体养护期间及拆除保温设施时,梁体混凝土芯部与表层、表层与环境温差均不应超过15℃。

8.2.7 承轨梁结构各部位允许偏差应符合本规范表10.9.6的规定。

8.2.8 低置结构各部位高程允许偏差应符合表8.2.8规定。石质地段,高程误差大时,应采用低标号混凝土找平,符合高程误差要求。承轨梁底路基面、垫层顶面、梁顶应采用2m靠尺和塞尺进行平整度检测,每节梁检测不少于5处。

表8.2.8 承轨梁各部位高程及平整度允许偏差

序 号	项 目	高程允许偏差(mm)	平整度允许偏差(mm)
1	承轨梁顶面	±5	5
2	垫层顶面	±10	5
3	路基表层顶面	+10 −50	10

8.2.9 除相关专业验收标准有专门规定外,预埋件和预留孔洞的留置允许偏差应符合表8.2.9的规定。

表8.2.9 预埋件和预留孔允许偏差

序 号	项 目		允许偏差（mm）
1	预留孔洞	中心位置	10
		尺寸	+10 0
2	预埋件中心位置		3

8.2.10 承轨梁结构施工完毕后应进行沉降观测并经沉降评估满足设计要求后，方可进行轨排的铺设与后续工程施工。

8.3 路基

8.3.1 承轨梁下路基施工应符合下列规定：
1 承轨梁下混凝土垫层平面位置、尺寸和高程符合设计要求。
2 垫层的施工平整度、整洁、毛糙度等应符合设计要求。
3 基底地质情况和承载力应符合设计要求。
4 地基处理地段应检查施工记录及有关试验数据。
5 承轨梁垫层下路基表层按要求采用级配碎石填筑，级配碎石粒径级配及压实标准应符合设计要求。
6 路基表层顶面以上回填层、封闭层厚度、排水坡度应符合设计要求。
7 基床底层及基床以下路堤填料类别及压实标准应符合设计要求。
8 桥台锥体及过渡段应与相邻的路堤同步施工，并将过渡段与连接路堤的碾压面按大致相同的水平分层高度同步填筑并均匀压实。桥台后2.0 m范围外及涵背等大型压路机能碾压到的部位，应采用大型压路机机械碾压；大型压路机碾压不到的部位或在台后2.0 m范围内、横向结构物的顶部填土厚度小于1.0m时，应采用小型振动压实设备进行压实。横向结构物两侧的过渡段填筑应对称同步填筑，并与相邻路堤同时施工。

8.3.2 道岔梁下地基加固工程采用桩基筏板结构时，应符合下列规定：
1 筏板施工前应检查场地的整平度。
2 桩基筏板结构与道岔梁基础钢筋整体绑扎，二者混凝土宜一次性浇筑完成，无法一次性浇筑时，施工缝位置应设置于筏板顶面以上不少于15 cm，且施工缝处混凝土的强度应符合设计要求。
3 桩基筏板结构与道岔梁基础混凝土上各种预埋件的安装定位应符合道岔梁供货安装单位的要求，预埋件与筏板或道岔梁基础钢筋不应相互干扰，筏板顶面应设置2%的排水坡。

8.3.3 路堤填筑过程中的沉降观测应符合下列规定：
1 沉降观测设备埋设应符合设计要求。

2 沉降观测资料应及时整理、汇总、分析，并进行评估。沉降观测资料、施工过程记录应作为控制工后沉降量的依据进行验交。

8.4 边坡防护与支挡结构

8.4.1 骨架护坡工程施工应符合下列规定：
1 路堑骨架护坡工程应与路堑开挖同时完成。
2 边坡施工前，边坡基底应稳定，坡面应平整密实；骨架护坡应与边坡密贴，无空洞。
3 骨架所采用的混凝土材料规格、品种、强度等级等技术条件应符合设计要求。
4 骨架护坡镶边、截水缘与骨架连接，伸缩缝的设置、缝宽与缝的塞封，骨架间植草防护的种类和数量均应符合设计要求。

8.4.2 重力式挡土墙工程施工应符合下列规定：
1 基坑开挖时应采取临时支护措施保持边坡稳定。基坑开挖较深、边坡稳定性较差时，应分段浇筑。
2 基坑开挖过程中应避免对基底岩土层的扰动，并应避免雨水浸泡基坑。
3 两沉降缝间的混凝土挡墙应连续浇筑一次成形。
4 挡土墙所用的水泥、粗骨料、细骨料、矿物掺和料、外加剂、钢筋等材料的品种、规格、质量应符合设计要求。
5 挡土墙基底持力层的岩土性质应符合设计要求。
6 挡土墙混凝土强度等级应符合设计要求。

8.4.3 悬臂式和扶壁式挡土墙工程应符合下列规定：
1 悬臂式和扶壁式挡土墙基坑开挖、混凝土浇筑施工应符合本规范第 8.4.2 条的规定。
2 挡土墙凸榫应按照设计尺寸开挖，其混凝土应与墙底板同时浇筑，并在底板宽度方向上不间断，一次浇筑完成。
3 每段墙的墙趾板、墙踵板、面板和肋（扶壁）的钢筋应一次绑扎、安装成型。
4 每段墙的墙趾板、墙踵板、面板和肋（扶壁）的混凝土宜一次浇筑完成。墙面板在高度方向上浇筑不宜间断，若浇筑间断，接缝处应按施工缝处理。
5 挡墙混凝土强度达到设计强度的 70% 后，方可进行墙背填筑。

8.5 路基排水

8.5.1 排水工程施工应符合下列规定：
1 各类排水设施的位置、断面尺寸、坡度、高程及材料应符合设计要求。

2 桥台处设路基端墙与排水沟采用钢筋连接时，应一次性浇筑，排水沟与桥台锥坡上横向排水槽连接紧密。

3 线间排水沟涉及强电支架，其具体要求除应确保排水顺畅与集水井、横向排水管之间连接紧密外，尚应符合强电支架的设计要求。

8.6 其他相关工程

8.6.1 相关工程指在低置结构范围内各种附属构筑物，包括电缆槽、信号机基础、通信天线基础、强电支架基础、接触轨、轨道、电缆过轨工程、线间排水沟及集水井等，与路基填筑同时施工或后期开挖（切割）后施工的各工程。

8.6.2 界面工程施工完成后应有效保护，且不能危及其他工程的稳固和安全。

8.6.3 因界面工程引起的路基超挖，如设计无专门说明，应采用标号不低于 C15 混凝土回填。

8.6.4 界面工程位置、数量、施工精度、误差控制等应满足相关专业设计要求。

8.6.5 路基电缆槽施工按图 8.6.5 所示工艺流程进行。

图 8.6.5　电缆槽施工工艺流程图

9 桥涵结构

9.1 一般规定

9.1.1 施工用的各类原材料、半成品、构件等，均应符合国家现行有关标准，经检验合格后方可使用。施工用起吊、运输、电力、施工等各类机械设备的选用、订购按有关规定和标准执行，使用前均应进行全面检查验收，经试运转合格后，方准使用。使用中应经常检查、维修。

9.1.2 混凝土工程的材料选用、混凝土配合比及施工、养护等均应符合现行行业标准《铁路混凝土结构耐久性设计规范》（TB 10005）的有关规定。

9.1.3 预制梁和其他预制构件集中预制，现场安装架设。

9.1.4 基坑工程、模板支架工程、预制梁架设等应按《危险性较大的分部分项工程安全管理规定》（住建部令〔2018〕37号）的要求编制专项施工方案，进行专家安全论证。

9.1.5 桥涵结构变形监测应符合现行中国铁建企业标准《中低速磁浮交通工程测量规范》（Q/CRCC 32802）的有关规定。

9.2 基础

I 桥梁基坑工程

9.2.1 基坑开挖应符合下列规定：
1 施工前应根据地质地形、水文、现场环境条件和基坑深度及环保要求等，确定基坑开挖坡度、支护形式，制定防、排水措施。
2 在天然土层放坡开挖基坑时，开挖深度不超过5m，坑底处于地下水位以上，其坑壁坡度应符合表9.2.1的规定。
3 基坑坑壁坡度不易稳定并有地下水影响，或放坡开挖场地受到限制、工程量大时，应根据设计要求进行支护并编制专项施工方案。
4 基坑宜在枯水或少雨季节连续施工，达到设计高程及时进行基础施工。如基底暴露过久，应重新检验地基承载力。基坑雨季施工应做好防排水措施，冬季施工应制定保温措施。

表 9.2.1 基坑坑壁坡度

坑壁土种类	坑壁坡度		
	基坑顶缘无载重	基坑顶缘有静载	基坑顶缘有动载
砂类土	1:1	1:1.25	1:1.5
碎石类土	1:0.75	1:1	1:1.25
粉土、黏性土	1:0.33	1:0.5	1:0.75
极软岩、软岩	1:0.25	1:0.33	1:0.67
较软岩	1:0	1:0.1	1:0.25
极硬岩、硬岩	1:0	1:0	1:0

9.2.2 基底检验应符合下列规定：
1 基底平面位置、尺寸和基底高程满足设计要求。
2 基底处理和排水情况满足要求。
3 基底地质情况与设计资料相符，承载力应符合设计要求。
4 根据地基土质复杂程度以及结构对地基的要求选择基坑检验方法，可采用直接观测或触探法，必要时钻探取样做土工试验，或按设计要求进行荷载试验。
5 基底高程允许偏差应符合要求，土质基底允许偏差为±50mm；石质基底允许偏差为-200~50mm。

条文说明

较复杂的地基土质主要指溶洞、断层、软弱夹层、易溶岩等情况。

9.2.3 基础施工完成后应及时进行基坑回填，回填材料和压实标准应符合设计要求。

Ⅱ 明挖基础

9.2.4 明挖基础混凝土施工应符合下列规定：
1 混凝土施工时基底不应在水中浸泡，混凝土终凝前不应浸水。
2 基础与墩台身的结合面应符合设计及有关施工规范要求。

9.2.5 明挖基础的施工允许偏差应符合表 9.2.5 的规定。

表 9.2.5 基础允许偏差

序 号	项 目	允许偏差（mm）
1	基础前后、左右边缘距设计中心线	±50
2	基础顶面高程	±30

Ⅲ 钻孔桩基础

9.2.6 根据地质、水文条件、现场施工条件、环保要求等，选择钻孔方式及设备。

9.2.7 钻机进场前应做好作业场地准备工作。深水或淤泥较厚时，宜搭设坚固稳定钻机作业平台。

9.2.8 钢护筒应坚固、不漏水，加工和埋设应符合下列规定：
1 使用旋转钻机时，护筒内径宜比钻头直径大20cm；使用冲击钻机时，护筒内径宜比钻头直径大20~40cm。
2 护筒顶面高程宜高出施工水位或地下水位2.0m，并高出施工地面0.5m。
3 护筒中心与设计桩位允许偏差为5cm，倾斜度不应大于1%。
4 护筒埋置深度根据水文地质条件确定。开挖埋置时，应在护筒四周回填黏土并分层夯实；打入埋置时，应有导向装置控制护筒位置，护筒底部宜位于透水性差的较坚硬密实地层。

9.2.9 钻孔桩施工采用泥浆护壁时，应设置泥浆循环净化系统。泥浆性能指标可根据钻孔方法和地质情况确定，并符合下列规定：
1 在砂类土、碎（卵）石土或黏土夹层中钻孔，应采用膨润土泥浆护壁。
2 在黏性土中钻孔，当塑性指数大于15、浮渣能力满足施工要求时，可利用孔内原土造浆护壁。
3 冲击钻机钻孔，可将黏土加工后投入孔中，利用钻头冲击造浆。
4 可在泥浆中掺入适量的碳酸钠、烧碱等，其掺量应经试验确定。

9.2.10 护壁泥浆造浆后应检测全部性能指标，钻孔过程中应随时检验泥浆相对密度和含砂率。

9.2.11 成孔施工中如发现斜孔、弯孔、缩孔、塌孔或沿护筒周围冒浆及地面沉陷等现象时，应采取措施，及时处理后方可继续施工。

9.2.12 钢筋笼的主筋与加强箍筋应全部焊接。吊装下放时，应严防孔壁坍塌。入孔后应准确、牢固定位。

9.2.13 灌注水下混凝土的导管直径应与桩径及混凝土灌注速度相适应，导管使用前应进行试拼和试压，试压压力宜为孔底静水压力的1.5倍。

9.2.14 钻孔桩的质量检测应符合下列规定：
1 所有桩基础均应进行成桩质量检测。
2 桩径小于2.0m、桩长不大于40m时，可采用低应变反射波法进行检测。
3 桩径不小于2.0m、桩长大于40m或复杂地质条件下，宜采用声波透射法进行检测。

4 对桩身混凝土质量有疑问或设计有要求时，可采用钻芯法进行检测。

5 检测方法及评判标准应符合现行行业标准《铁路工程基桩检测技术规程》（TB 10218）的有关规定。

9.2.15 桩基承台施工应符合下列规定：

1 承台混凝土应在无水条件下浇筑。

2 承台钢筋绑扎前，应核实承台底面高程及每根基桩埋入承台长度，并对桩基顶面进行修整。

3 基桩埋入承台长度和桩顶主筋锚入承台长度应符合设计要求。

4 基桩主筋深入承台锚固时，承台底面钢筋网在越过桩顶处不得截断。

5 承台混凝土宜一次连续浇筑。

6 大体积混凝土浇筑施工时，应采取降温措施。

9.2.16 钻孔桩基础的质量标准应符合下列规定：

1 钻孔到达设计高程后，应复核地质情况和桩孔位置，可用检孔器检查孔径和孔深，施工允许偏差应符合表9.2.16-1的规定。

表9.2.16-1 钻孔桩钻孔允许偏差

序号	项目		允许偏差
1	孔径		不小于设计孔径
2	孔深	摩擦桩	不小于设计孔深
		柱桩	不小于设计孔深，并进入设计沿层
3	孔位中心偏差		≤50mm
4	倾斜度		≤1%孔深
5	浇筑混凝土前桩底沉渣厚度	摩擦桩	≤200mm
		柱桩	≤50mm

2 钻孔桩的钢筋骨架制作、安装允许偏差应符合表9.2.16-2的规定。

表9.2.16-2 钻孔桩钢筋骨架允许偏差

序号	项目	允许偏差
1	钢筋骨架在承台底以下长度	±100mm
2	钢筋骨架直径	±10mm
3	主钢筋间距	±0.5d
4	加强筋间距	±20mm
5	箍筋间距或螺旋筋间距	±20mm
6	钢筋骨架垂直度	骨架长度1%

3 混凝土强度应满足设计要求，每根基桩制作不少于2组混凝土抗压强度试块，按相关施工技术标准的有关规定检验混凝土强度；每根基桩均应采用无损法检测混凝土

浇筑质量，检测方法及评判标准应符合现行行业标准《铁路工程基桩检测技术规程》（TB 10218）的有关规定。

4 钻孔桩承台底平面桩位允许偏差应符合表9.2.16-3的规定。

表 9.2.16-3 承台底平面桩位允许偏差

序 号	项 目		允许偏差
1	上面盖有帽梁的排架桩	垂直帽梁的轴线	100mm
		沿帽梁的轴线	150mm
2	3~20根桩基中的桩		0.5D

注：D为桩径或桩短边长。

9.2.17 桩基承台质量标准应符合下列要求：

1 承台施工前，应检查并记录每根桩基在承台底平面的位置和桩身倾斜度。

2 承台混凝土强度应满足设计要求，混凝土表面应平整光滑，不得有蜂窝、麻面和露筋，钢筋保护层厚度不小于设计要求。

3 承台各部位允许偏差应符合表9.2.17的规定。

表 9.2.17 承台各部位允许偏差

序 号	项 目	允许偏差（mm）
1	结构尺寸	+15 -10
2	顶面高程	±10
3	轴线偏位	10
4	预埋件中心偏位	5

9.3 墩台

9.3.1 墩台应在承台完工后尽快施工，缩短墩台与承台混凝土浇筑的时间间隔。

9.3.2 墩台身施工前，应将基础顶面浮浆凿除，冲洗干净，整修连接钢筋。并在基础顶面测定中线和高程，标出墩台底面位置。

9.3.3 墩台身模板及支架应具有足够的强度、刚度和稳定性。模板宜采用大块钢模板，接缝应严密，不得漏浆。

9.3.4 墩台防雷装置布置应符合设计要求。

9.3.5 浇筑混凝土时，应检查模板、钢筋、沉降观测点及预埋部件的位置和保护层的尺寸，确保其位置正确不变形。

9.3.6 墩台混凝土浇筑应根据模板设计要求和使用状况，严格控制一次连续浇筑混凝土的高度。当分段浇筑时，施工缝处理应符合混凝土施工缝施工的技术标准。

9.3.7 墩台顶帽施工前后应及时复测其跨度及支承垫石高程。施工中应确保支承垫石、钢筋网及锚栓孔位置准确，垫石顶面平整，高程符合设计要求。

9.3.8 墩台施工完毕，应对全线进行中线、水平及跨度贯通测量，并标出各墩台的中心线、支座十字线、梁端线及锚栓孔位置。

9.3.9 墩台盖梁施加预应力时，应符合本规范第9.4.26条~第9.4.31条的规定。

9.3.10 墩台施工允许偏差应符合表9.3.10的规定。

表9.3.10 墩台施工允许偏差

序 号	项 目		允许偏差（mm）
1	墩台前后、左右边缘距设计中心线尺寸		±20
2	简支梁与连续梁	支承垫石顶面高程	0，-10
		每孔（每联）梁一端两支承垫石顶面高程	2

9.4 预制梁

9.4.1 预制梁场应建立健全的质量、安全和环保管理体系，制定施工质量检验和综合施工质量水平评定考核制度、安全和环保管理制度。

9.4.2 预制简支梁施工工艺可按图9.4.2所示流程进行。

条文说明

施工流程适用于承轨梁，箱室端头封闭采取一次性内模设计的梁型，内模与钢筋安装同步施工完成。

9.4.3 预制梁场可分为生产区、辅助生产区和生活区，梁场建设应符合下列规定：
1 生产区包括钢筋加工区、制梁区、存梁区、混凝土拌和区等；辅助生产区包括实验室、材料堆放区和仓库等；生活区包括住宿区、食堂等。
2 梁场地面宜硬化处理，存梁区可用砂石料进行处理，并设置排水设施。

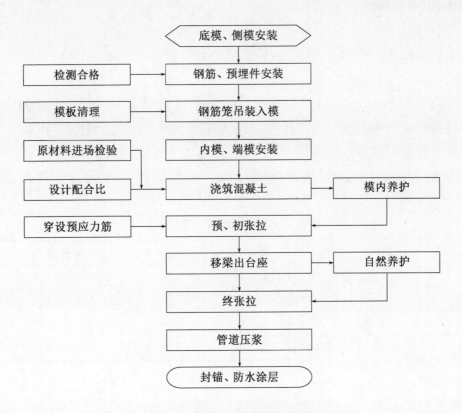

图9.4.2 预制简支梁施工流程图

3 制梁、存梁台座下方若有地下管线时，应采取加固保护措施。
4 存梁台座顶面应平整，梁体四点支承受力均匀，水平偏差符合设计要求。

9.4.4 首榀预制梁应经过建设、设计、监理、施工单位四方验收，合格后方可批量生产。

Ⅰ 模 板 工 程

9.4.5 简支梁模板宜采用钢制整体模板，根据预制梁的结构形式、外观质量精度要求、模板周转次数和施工工艺等要求确定模板形式。

9.4.6 模板设计应结构合理，易于施工和脱模，并符合下列规定：
1 设计钢模应有足够的强度、刚度及稳定性。
2 端部封闭形式的简支梁内模应设计为一次性内模。
3 外模布置的附着式振捣器宜上下交叉布置，振动力先传向模板骨架，再由骨架传向面板。
4 模板全长及跨度应考虑反拱度及预留压缩量。
5 模板设计时，除应考虑模板自重及常规施工荷载外，还应考虑曲线梁的曲线成形精度。
6 曲线梁模板宜直曲共用、模板可调，矢距调整间距不宜超过2m。
7 模板设计应出具模板总装图、细部构造图，提交验算报告，并制定模板安装、使用、拆卸的说明和保养注意事项。

9.4.7 模板应采用钢模板，模板制作应符合下列规定：
1 模板应按设计图制作。
2 面板宜采用不小于5mm厚的钢板，板面平整光滑、无变形、不翘曲。
3 模板拼缝应严密平整、无错台，模板间的接缝应设置止浆橡胶条。

9.4.8 模板进场后应按设计要求进行验收，模板制作允许偏差应符合表9.4.8的要求。

表9.4.8 模板制作允许偏差

序 号	项 目	允许偏差（mm）
1	模板高度	±2
2	模板宽度	±2
3	模板长度	±5
4	模板平整度	2m范围不大于1

9.4.9 模板组装过程中，应设置防倾覆设施。模板组装完成后，应对其平面位置、顶部高程、节点联系及纵横向稳定性进行检查，模板组装允许偏差应符合表9.4.9的规定。

表9.4.9 模板组装所允许的偏差

序 号	项 目		允许偏差（mm）
1	相邻模板表面高低差		2
2	表面平整度		2
3	模板内部尺寸	长	±10
		宽	±5
		高	±5
4	底板厚		+5
5	腹板厚		+5
6	侧向弯曲	两侧腹板	$L/3000$，且≤10
7	预留孔洞位置	预应力筋孔道（梁端）	2

注：L为拼接模板长度，单位为mm。

9.4.10 浇筑混凝土之前，模板宜涂刷脱模剂。脱模剂应采用同一品种，不得用有色或污染混凝土表面的脱模剂。

9.4.11 模板拆除时应符合下列规定：
1 混凝土强度应满足设计要求；当设计无明确要求时，模板应在混凝土强度达到设计强度的60%以上时方可拆除。

2 不得采用猛烈敲打强扭等方式拆除模板，不得抛扔模板。

3 拆卸的模板应及时清除灰浆污垢并进行维护保养。

Ⅱ 钢筋工程

9.4.12 钢筋的运输、存放及验收应符合下列规定：

1 钢筋在运输过程中宜覆盖，避免污染。

2 钢筋宜堆置在仓库（棚）内，应进行垫高处理，防止锈蚀。

3 钢筋应按不同钢种、等级、牌号、规格及生产厂家分批验收，分别堆存，设置标识标牌。

4 钢筋应具有出厂质量证明书，进场材料见证取样送检合格后方可使用。

9.4.13 钢筋的加工、连接及安装应符合现行行业标准《铁路混凝土工程施工质量验收标准》（TB 10424）及有关标准的规定，并符合下列要求：

1 钢筋宜在定型胎具上安装成型，保证钢筋骨架整体成型质量。

2 钢筋安装胎具应设置对应梁端线，预埋件安装根据基线拉通尺或全站仪进行定位。

3 垫块强度不应低于梁体强度，且每平方米不应少于4个。

4 绑扎好的钢筋骨架应有足够的刚度和稳定性，可采用加设撑筋来增加钢筋的刚度和稳定性。

5 已绑扎好的钢筋避免踩踏或堆放重物。

9.4.14 绑扎好的钢筋骨架入模时应符合下列要求：

1 钢筋在入模前，需检查垫块数量和位置，确保钢筋保护层的厚度符合设计要求。

2 吊运钢筋骨架，应计算选择吊点及吊具。钢筋骨架整体起吊离地后静停检查骨架变形情况，同时对垫块进行纠偏调整。

3 入模后的钢筋骨架应按设计要求就位、调正。如有变形或扎结、焊接点松动，应及时补扎、补焊。

Ⅲ 混凝土工程

9.4.15 预制梁混凝土应具有良好的流变性能、内在均质性能、力学性能、体积稳定性、耐久性和经济性，同时，应具有均匀一致的外观质感。

9.4.16 简支梁用水泥应采用不低于P42.5级的普通硅酸盐水泥或硅酸盐水泥，质量应符合现行国家标准《通用硅酸盐水泥》（GB 175）的有关规定，并符合下列要求：

1 进场水泥应附有产品合格检验单，检验确认符合要求后方可使用。

2 不同品种、不同标号、不同编号的水泥应分别储存，干燥通风。

3 水泥从出厂日期到使用日期不宜超过 3 个月。
4 每榀梁的生产应采用同一厂家、同一品种、同强度等级的水泥。

9.4.17 混凝土外加剂应符合现行国家标准《混凝土外加剂》（GB 8076）和《混凝土外加剂应用技术规范》（GB 50119）的有关规定，并符合下列规定：
1 外加剂经检验合格后方可使用。
2 外加剂的掺量由试验确定，不应使用氯盐类外加剂。
3 使用的外加剂不应改变混凝土的颜色，混凝土硬化后表面不得出现析霜或返潮现象。

9.4.18 骨料应符合下列规定：
1 粗骨料宜采用连续级配，粒径宜为 5～20mm，最大粒径不应超过 25mm；针片状含量不应大于 5%，含泥量不应大于 0.5%；
2 细骨料应采用硬质洁净的天然砂，细度模数宜为 2.6～3.0，含泥量不应大于 1.5%。
3 制梁所用的骨料在试生产前应进行碱活性试验。不应使用碱-碳酸盐反应的活性骨料和膨胀率大于 0.2% 的碱-硅酸盐反应的活性骨料。

9.4.19 混凝土用水应符合现行行业标准《混凝土用水标准》（JGJ 63）的有关规定。养护用水宜为饮用水。

9.4.20 混凝土矿物活性掺合料（Ⅰ级粉煤灰、磨细矿粉）应符合现行国家标准《用于水泥、砂浆和混凝土中的粒化高炉矿渣粉》（GB/T 18046）和《用于水泥和混凝土中的粉煤灰》（GB/T 1596）的有关规定。

9.4.21 混凝土的配合比设计应符合下列规定：
1 混凝土的配合比应根据设计使用年限、环境条件和施工工艺等，通过试配、调整、试件检测和试浇筑等步骤选定。
2 混凝土配合比应符合现行行业标准《铁路混凝土结构耐久性设计规范》（TB 10005）的有关规定。
3 当骨料的碱-硅酸反应膨胀率在 0.1%～0.2% 时，混凝土的总碱含量不应超过 3.0kg/m³；当骨料的碱-硅酸反应膨胀率在 0.2%～0.3% 时，除了混凝土的最大碱含量不大于 3.0kg/m³ 外，还应采取抑制碱-骨料反应技术措施，并经试验证明抑制有效。

9.4.22 混凝土的拌制应符合现行国家标准《预拌混凝土》（GB/T 14902）及相关标准的规定。

9.4.23 混凝土的运输应符合下列规定：
1 混凝土运输宜采用搅拌运输车。
2 混凝土从搅拌结束到入模浇筑的时间间隔不应超过混凝土初凝时间。
3 已拌和混凝土不得添加配合比外用水。
4 混凝土运输到施工现场，应逐车进行坍落度检测，不符合要求的混凝土不得使用。

9.4.24 混凝土的浇筑应符合下列规定：
1 混凝土浇筑前，应对模板及隐蔽工程进行验收，合格后由监理签发浇捣令。
2 浇筑时，发现模板有超过允许偏差变形值的可能时，应及时纠正。
3 混凝土可选择泵送或料斗卸落的入模方式。
4 混凝土振捣宜采用附着式侧振工艺，并附以插入式振动器。
5 混凝土浇筑宜分层分段连续浇筑，应振捣密实。
6 混凝土浇筑下料均匀，腹板混凝土每层的浇筑厚度不宜大于500mm。
7 混凝土振捣过程中，应避免碰撞模板、钢筋、预应力管道和预埋件；由专人检查，发现问题及时采取措施调整。
8 混凝土浇筑完成后，对梁体顶面应及时修整、抹平。
9 混凝土施工时，环境昼夜平均气温连续5d低于5℃，或当最低温度低于0℃时，应采取冬季施工措施；当环境最低温度低于-5℃时，应停止施工；当室外最高温度高于35℃时，应采取夏季施工措施。

9.4.25 混凝土的养护应符合下列规定：
1 梁体可采用蒸汽养护、自然养护等方式。
2 蒸汽养护应按静停、升温、恒温、降温等四个阶段进行。并符合下列要求：
（1）静停时间不宜小于4h。
（2）升温阶段每小时升温不得大于10℃，直至上升到不超过45℃。当室外平均温度低于10℃时，则初始升温速率应控制在6℃/h以内，直至达到10℃，并应考虑适当提高蒸汽养护温度或延长养护时间。
（3）恒温阶段养护温度应保持在40～45℃，混凝土芯部温度不宜超过60℃，最大不得超过65℃，持续养护24±3h；因故停止供汽时，应做好记录，后续养护时间顺延。
（4）降温时降温速度不得大于10℃/h，拆模时梁体表面温度与自然环境温度应不大于15℃，否则应让梁体带模延时降温。
3 预制梁进入存梁区可采用无纺布覆盖洒水养护，养护时间不小于14d。

Ⅳ 预应力工程

9.4.26 钢绞线用锚具、夹具和连接器应根据钢绞线品种、锚固要求和张拉工艺配套选用，其性能应符合设计要求和相关标准的规定。

9.4.27 张拉设备应配套标定，配套使用，建立标定档案。当使用过程中出现异常现象或在设备检修后，应重新标定。

9.4.28 预应力工程材料应符合下列规定：
1 钢绞线进场时，应有出厂质量保证书或检验报告单。使用前应按批次取样、试验，其质量应符合现行国家标准《预应力混凝土用钢绞线》（GB/T 5224）的有关规定。
2 钢绞线用锚具、夹具进场时，应按批次进行外观检查，其表面无污物、锈蚀、机械损伤和裂纹；使用前应按批次取样、试验，其质量符合现行国家标准《预应力筋用锚具、夹具和连接器》（GB/T 14370）的有关规定。
3 钢绞线展开后应平顺，不得有弯折，表面不应有裂纹、毛刺、机械损伤、氧化铁皮和油污。
4 波纹管应按照设计要求选用，并应具备质量合格证明。
5 孔道压浆水泥应采用性能稳定、强度等级不低于42.5级的低碱硅酸盐或低碱普通硅酸盐水泥。

9.4.29 钢绞线制作和安装应符合下列规定：
1 钢绞线下料长度，应考虑孔道长度、锚夹具厚度、千斤顶长度、弹性回缩值、张拉伸长值和外露长度等因素。
2 下料和切割设备宜采用砂轮机，不应采用电弧及火焰切割。
3 波纹管安装位置和数量应符合设计要求，对于曲线束波纹管，应严格控制弯起点位置和弯起角度，管道位置偏差应符合设计要求。
4 波纹管应采用定位筋与钢筋骨架固定。
5 波纹管安装后，应线形平顺、安装牢固，管道应无破裂。两根波纹管对接时，节套纹理一致，接头长度不少于30cm，采取措施避免混凝土浆进入管内。
6 波纹管定位筋设置间距应严格按照设计要求设置，如设计无要求时，定位筋间距不宜大于0.5m。波纹管弯折处，定位筋应适当进行加密。
7 锚垫板安装位置应符合设计要求，外平面和孔道轴线应保持垂直。用螺栓紧固在端模锚箱上，压浆孔用软物填塞封堵。

9.4.30 预应力施工应符合下列规定：
1 预应力施工机具、设备应由专人管理和使用。
2 预应力施工应严格按照设计要求、相关标准规范的要求进行。
3 预应力施工前应进行摩阻试验，确定孔道摩阻系数及锚口应力损失率。
4 在张拉过程中，如出现预应力钢绞线从锚夹具或连接器连接处松脱现象，应重新连接或更换钢绞线。

5 张拉采用应力应变双控,以应力为主,同时校核预应力钢绞线的伸长值。若实际伸长值与计算伸长值之间的差值超出±6%范围,应暂停张拉,查明原因,采取措施调整后,方可继续张拉。

6 后张预应力施工时,梁体混凝土抗压强度、抗拉强度及弹性模量应符合设计要求。

7 锚具安放前,除去孔道口多余的波纹管,锚环各孔中钢绞线应保持顺直,不得有交叉。塞放夹片时,夹片间隙及留出长度应均匀,并敲紧不得脱落。

8 后张钢绞线在张拉控制力达到稳定后方可锚固,多余的钢绞线用砂轮机切割,不得用电弧和火焰切割,切割后的钢绞线外露长度不宜小于其直径的1.5倍,且不宜小于30mm。

9.4.31 压浆和封锚应符合下列规定:

1 预应力施加完成后,及时压浆,避免钢绞线锈蚀或松弛,间隔时间宜控制在48h内。

2 压浆宜采用真空辅助压浆或智能循环压浆工艺,水泥浆的抗压强度应符合设计要求。

3 孔道压浆的浆体应对钢绞线无腐蚀作用。

4 封锚前,将锚槽周边混凝土冲洗干净并凿毛,根据设计要求绑扎锚槽钢筋,因锚槽预留断开的梁体钢筋,在锚槽封闭前,应按要求进行焊接恢复;可利用锚垫板上的螺栓孔固定锚槽钢筋。

5 封锚混凝土强度应符合设计要求。

9.4.32 成品梁保护应符合下列规定:

1 由质检员对已浇筑的混凝土梁成品进行检查,并对现场施工人员进行成品保护技术交底。

2 双层存梁时,上下层支点位置应符合设计要求。

3 后续施工工序应避免损伤或污染已完成的混凝土梁外观。

4 混凝土成品应进行产品标识。

5 对混凝土梁成品的缺陷部位修补,应根据试验确定修补方法和材料配比,修补方案报监理审批后实施。

9.5 预制梁架设

9.5.1 简支梁架设根据线路布置、施工现场条件、构筑物及管线分布等情况,采用架桥机、门式起重机、履带式起重机、汽车式起重机等设备吊装。

9.5.2 预制梁架设前,应调查既有道路的宽度、路面纵横坡、转弯半径,桥梁承载力、桥梁净空，地下管线，高空电线电缆等运梁线路条件，对选定的运梁路线进行验收，满足通行条件、运梁荷载和运行净空要求。

9.5.3 运梁车在已完成的梁上通行时，应经检算确认。

9.5.4 预制梁发运、安装前，应对梁的线形、孔跨、预埋件位置等与设计文件进行逐一核对。

9.5.5 预制梁发运时，应附有出厂合格证和相关检测报告。到达现场后，应再次进行外观检查。

9.5.6 预制梁安装前，应清除支座及垫石上的杂物，检查支座及垫石的尺寸、高程、平面位置。

9.5.7 吊运工具设备的使用技术要求，应符合现行行业标准《建筑施工起重吊装工程安全技术规范》（JGJ 276）的有关规定。

9.5.8 预制梁安装到位后，横系梁之间后浇带施工时，应对结合面混凝土凿毛、绑扎钢筋、浇筑混凝土，并进行养护。

9.5.9 预制梁移运应符合下列规定：
1 运输道路应坚固、平整。
2 预制梁应按设计规定的吊点位置起吊或移运。
3 预制梁起吊时宜设置吊架或扁担梁。
4 使用平板拖车或超长拖车运输时，支承位置应符合设计要求，并固定在车上；车辆应配备自补偿支承系统，确保支承位置处于同一平面，同时支承处应设活动转盘，避免搓伤混凝土构件。
5 预制梁运输过程中应采取保护、加固措施，并根据运输路线上的最大纵横坡，设置纵横向限位装置。
6 运梁车场内行驶时应由专人指挥，车速不超过5km/h；运梁车驶入运输道路后，应停车整体检查；直线行驶速度不超过20km/h。

9.5.10 预制梁架设应符合下列规定：
1 预制梁采用汽车式起重机、履带式起重机、门式起重机、架桥机等方法进行安装。安装时，应按专项施工方案组织实施。
2 汽车式起重机或履带式起重机吊梁时，应严格按照操作规程进行作业，吊臂回转范围内不应有任何障碍物。

3 采用门式起重机架梁时,应对门式起重机走行轨道的地基进行加固和处理,满足地基承载力要求后,方可铺设轨道。

4 架桥机架梁时,当运梁车接近架桥机时应停车等候指令喂梁。

5 吊索或千斤顶与梁体接触部位应设置护铁或垫木。

6 吊装完成后,宜采用三维千斤顶进行精调作业。千斤顶的顶梁位置应符合设计要求。顶梁时应两端交替作业,不得同起同落。顶落梁应缓慢进行,千斤顶行程不得超过有效行程的80%。

7 遇有6级及以上大风等恶劣气候时,应停止架梁施工作业。

条文说明

三维可调千斤顶装置架设磁浮承轨梁步骤:

步骤一,架梁准备,将承轨梁运送到现场,在承轨梁两端底部安装支座,两台履带式起重机或汽车式起重机准备就绪;

步骤二,安装三维可调千斤顶装置,在每个桥墩支承垫石两侧安装两个三维可调千斤顶装置;

步骤三,吊装第一榀承轨梁,两台履带式起重机或汽车式起重机将第一片承轨梁两端抬吊,并将承轨梁两端调整并置放在两个支承垫石两侧的三维可调千斤顶装置上;

步骤四,三维可调千斤顶精调就位,三维可调千斤顶装置上通过滑槽二在滑槽一上横向移动,竖向千斤顶在滑槽一上纵向移动,以及竖向千斤顶的活塞上下移动,分别实现承轨梁在横向、纵向和竖向三维方向的调整,以达到规定的安装精度要求。

9.6 桥位制梁

9.6.1 临时性承重结构均应进行设计计算,具有足够的强度、刚度和稳定性。

9.6.2 现浇制梁可采用满堂式支架、梁柱式支架或组合式结构。简支梁桥位施工宜选用满堂支架施工。

9.6.3 现浇支架施工应满足以下要求:

1 支架应进行强度、刚度和稳定性检算,满足应力安全系数大于1.3、稳定安全系数大于1.5的要求。

2 支架的地基和基础承载力应符合施工设计要求。

3 支架材料进场后,应依据支架设计计算书的指标对材料进行验收,合格方可使用。

4 工作爬梯与支架不可共用,应分别搭设。

5 施工时应对支架的变形和位移、节点和卸架设备的压缩及支架基础的沉降等进行观测,如发现变形、变位超过允许值,应采取措施予以调整。

9.6.4 满堂支架应根据其结构形式、荷载大小、施工工艺等条件制定预压方案，预压施工应符合现行行业标准《钢管满堂架预压技术规程》(JGJ/T 194)的有关规定。

9.6.5 底模应根据检算的变形量并结合预压变形数据，预留适当的沉落量和预拱度，确保梁体线形符合设计要求。

9.6.6 梁体施工除应符合本节规定外，尚应符合本规范第9.4节的有关规定。

条文说明

本节适用于不宜预制施工的大跨段、曲线段简支梁施工。

9.7 支座安装

9.7.1 支座到达现场后，应对支座外观尺寸进行全面检查。

9.7.2 支座上下板螺栓的螺帽应安装齐全，并涂上黄油，无松动现象。

9.7.3 预制梁支座安装应符合以下规定：
1　支座安装前，应对墩台锚栓孔进行检查，合格后方可安装。
2　梁体调整好高程和平面位置后，采用砂浆在支座和支承垫石之间进行重力灌浆，填满间隙，灌浆材料的强度不应低于垫石混凝土的设计强度。
3　待浆体材料强度达到20MPa后，方可落梁，拆除千斤顶，四个支座反力差值应控制在5%以内。
4　梁体安装就位后，拆除支座上下连接板，并确定约束已解除。

9.7.4 桥位制梁支座安装应符合以下规定：
1　安装支座时应根据计算设置预偏量。
2　支座及与梁体的连接预埋件应先于桥梁底模安装。
3　同一梁端的支座支承面相对高差不应大于1mm。
4　支座螺栓的规格、埋入梁体深度及梁底面外露长度应符合设计要求。
5　螺栓的平面位置偏差不应大于2mm。

9.7.5 支座与梁底、支座与支承垫石应密贴，无缝隙。

9.7.6 支座安装后，其允许偏差应符合表9.7.6规定。

表 9.7.6 支座安装允许偏差

序号	项目		允许偏差
1	支座中心线与墩台十字线的纵向错动量		≤15mm
2	支座中心线与墩台十字线的横向错动量		≤10mm
3	支座板每块板边缘高差		≤1mm
4	支座螺栓中心位置偏差		≤2mm
5	同一端两支座横向中心线间的相对错位		≤5mm
6	螺栓		垂直梁底板
7	4个支座顶面相对高差		2mm
8	同一端两支座纵向中线间的距离	误差与桥梁设计中心线对称	+30mm −10mm
		误差与桥梁设计中心线不对称	+15mm −10mm

9.8 桥面及相关结构

9.8.1 防水层、保护层、伸缩缝及泄水孔所用的材料和尺寸除应符合设计要求外，尚应符合国家现行有关标准强制性的规定。

9.8.2 防水层不得在雨、雪和大风天气下施工，防水层铺设前应清除基层面灰尘和杂物。

9.8.3 混凝土保护层施工时，施工用具、材料应轻吊轻放，不得碰伤已铺设好的防水层。防水层制成24h后方可进行保护层施工，保护层厚度和排水坡度应符合设计要求。混凝土保护层浇筑完成后应保湿、保温养护。

9.8.4 泄水孔应符合设计要求，位置应准确，排水畅通，安装牢固。

9.8.5 预埋槽道应密贴梁面，强度、防腐要求应符合设计要求。

9.8.6 接触轨、承轨台及疏散平台等结构预埋件位置应定位准确。

9.8.7 疏散检修通道、栏杆、钢结构工程施工应符合现行国家标准《钢结构工程施工规范》（GB 50755）的有关规定，防腐涂装应符合现行国家标准《钢结构工程施工质量验收规范》（GB 50205）的有关规定。

9.9 涵洞

Ⅰ 一 般 规 定

9.9.1 混凝土或钢筋混凝土预制构件在移动、堆放、装卸、运输过程中，应防止碰撞，堆放时不应用金属或其他坚硬垫块支垫。

9.9.2 基坑开挖后应保证边坡稳定、方便施工操作，经检验确认合格后，及时施工基础和边墙。

9.9.3 涵洞沉降缝端面应竖直、平整，全断面贯通，不得交错搭压。

9.9.4 涵洞洞口铺砌工程与上下游河床、排水设施连接应平顺、稳固。

9.9.5 基坑开挖除应符合本节规定外，还应符合本规范第9.2节的有关规定。

Ⅱ 圆 管 涵

9.9.6 钢筋混凝土圆管涵基槽开挖后应及时施作垫层，垫层应分层摊铺、分层压实。

9.9.7 圆管涵基座的尺寸和沉降缝应符合设计要求，沉降缝位置与管节的接缝位置一致。

9.9.8 管节安装时，基座内应清洗干净，不得有泥土、杂物。

9.9.9 管节应按设计坡度从下游开始安装，支垫稳固，每一沉降段内的内侧管壁应对齐平顺。

9.9.10 涵管接缝宽度满足设计要求，并采用弹性不透水材料连续填塞密实。

Ⅲ 盖 板 涵

9.9.11 盖板涵混凝土洞身宜采用钢模板施工，并按设计沉降段连续浇筑，不能一次连续完成浇筑时，应按垂直涵洞轴线方向设置施工缝。

9.9.12 盖板预制、安装时应符合下列规定：
1 预制盖板时，斜交涵洞应注意斜交方向，避免发生反向错误。
2 预制盖板的混凝土强度达到设计要求后，方可搬运及安装。

3 安装前应检查盖板的尺寸和涵洞安装部位尺寸，影响安装的部位应提前进行处理。

4 盖板安装后，吊装孔应用砂浆填充密实，钢吊环应切割处理。

9.9.13 现浇盖板混凝土施工时应符合下列规定：

1 支架、模板施工前，应进行涵台高程复测，计算出支承面高程，可用墨线标识在涵身上，作为盖板底部高程控制线。

2 底模、支架应在混凝土强度达到设计要求后再拆除；当设计无具体要求时，应满足现行国家标准《混凝土结构工程施工规范》（GB 50666）的有关规定。

Ⅳ 框 架 涵

9.9.14 拼装式钢筋混凝土框架涵洞施工应符合下列规定：

1 预制涵节宜采用钢模板，内外模板间应设有控制厚度的技术措施。

2 预制涵节拼装前，应将混凝土接合面清洗干净，影响拼接质量的部位应提前修整。

3 预制涵节安装时，应防止碰撞，宜从线路中心向线路左右侧依次进行施工，涵节底面应填满垫实。

4 预制涵节接合面水泥砂浆达到设计强度后方可进行路基填土。

9.9.15 现浇钢筋混凝土框架涵施工应符合下列规定：

1 涵身混凝土浇筑可分为两阶段施工：先浇筑底板，待底板混凝土强度达到设计强度50%后，再施工中、边墙及顶板。

2 施工缝应平直无错台、无漏浆、无麻面。

3 底模、支架应在混凝土强度达到设计要求后再拆除；当设计无具体要求时，应满足现行国家标准《混凝土结构工程施工规范》（GB 50666）的有关规定。

9.10 连续梁及连续刚构

Ⅰ 一 般 规 定

9.10.1 模板工程、钢筋工程、混凝土工程、预应力工程除应符合本节规定外，还应符合本规范第9.4节的有关规定。

Ⅱ 支架法浇筑

9.10.2 支架法制梁施工可按图9.10.2所示流程进行。

9.10.3 支架结构形式可结合现场施工条件、桥下净空要求、桥墩高度等，通过技术经济比选合理选用，大跨度连续梁宜选用梁柱式支架施工。

9.10.4 梁柱式支架施工除满足本规范9.6节相关内容和现行行业标准《铁路混凝土

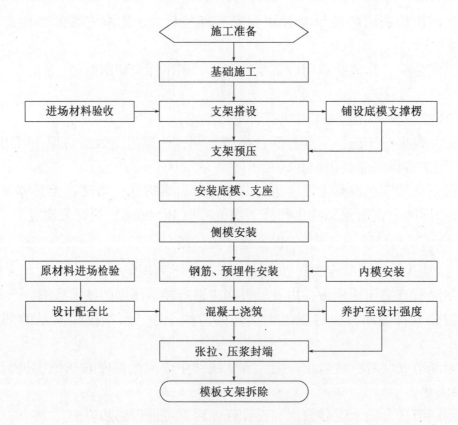

图 9.10.2 支架法制梁施工流程图

梁支架法现浇施工技术规程》（TB 10110）的有关规定外，还应符合下列要求：

1 支墩预埋件位置及高层应准确设置，支墩安装过程中应及时校正，垂直度偏差不大于支墩高度的 1/500，且柱顶偏移值不应大于 50mm。

2 纵横梁安装前应准确标识安装位置，安装误差不应大于 20mm，宜整体拼装。

3 纵横梁安装时应严格控制侧向弯曲，侧向弯曲矢高应小于跨度的 1/1000，且不大于 20mm。

4 贝雷梁、军用梁、军用墩、万能杆件等常用的器材的安装作业还应遵守其使用手册有关要求。

5 支架通行孔两侧应设置防撞墩，前方设置限高杆，应设置夜间警示灯。

9.10.5 梁底模及支架卸载顺序，应从梁体挠度最大处支架节点开始，逐步卸落相邻节点，当达到一定卸落量后，支架方可脱离梁体。

Ⅲ 悬臂浇筑

9.10.6 挂篮设计和安装应符合下列要求：

1 挂篮的强度、刚度和稳定性应满足设计要求。挂篮总质量宜为最大梁段混凝土质量的 0.3～0.5 倍，且挂篮总重量应控制在设计规定的限重之内。

2 悬臂吊架应具有向前走行或滑移的功能。

3 挂篮走行时，其抗倾覆稳定系数应大于 2。

4 挂篮现场组拼完成投入使用前，应全面检查安装质量，并应进行走行性能试验和静载试验，预压荷载为最大施工荷载的1.2倍。

9.10.7 墩顶梁段施工应符合下列要求：

1 可采用托架或支架法施工。

2 托架、支架应经过设计计算，浇筑混凝土前应进行静载试验，托架、支架预压荷载为最大施工荷载的1.1倍。

3 连续刚构的墩顶梁段应与墩顶混凝土一次浇筑完成，墩梁固结段与桥墩接缝位置及连接设置应符合设计要求。

9.10.8 桥墩悬臂两侧梁段应对称、平衡浇筑，施工不平衡偏差不得超出设计允许值。

9.10.9 悬臂梁端在浇筑前后和预应力张拉前后应进行梁体线形控制。

9.10.10 钢绞线张拉应符合设计要求；当设计无具体要求时，应符合下列规定：

1 梁段钢绞线张拉应按先纵向、再竖向、后横向的顺序进行。

2 纵向钢绞线张拉应在混凝土强度达到设计值的95%、弹性模量达到设计值的100%后进行，且张拉时混凝土的龄期不宜小于5d。

3 纵向钢绞线应两端同步且左右对称张拉，最大不平衡束不超过1束。张拉顺序应为先腹板再顶板后底板，从外向内左右对称进行。预施应力过程中应保持两端的伸长量基本一致。

4 竖向钢绞线应左右对称单端张拉，宜从已施工端顺序进行。为减少竖向预应力损失，竖向钢绞线应采用两次张拉方式，即在第一次张拉完成一天后进行第二次张拉。

5 横向钢绞线应在梁体两侧交替单端张拉，宜从已施工端顺序进行。每一梁段伸臂端的最后一根横向钢绞线，应在下一梁段横向钢绞线张拉时进行张拉。

6 横向和竖向钢绞线张拉滞后纵向钢绞线张拉不宜大于3个悬浇梁段。

9.10.11 合龙段施工应符合下列要求：

1 合龙顺序应按先边跨合龙，再中跨合龙。

2 合龙前应调整中线和高程，连续梁将合龙一侧的临时固定支座释放，同时将两悬臂端间距按设计合龙温度及预施应力后弹性压缩换算后进行约束锁定。

3 合龙段混凝土施工应选择一天中温度最低的时间进行。

4 混凝土等级宜高于梁体混凝土一个等级。

5 混凝土应加强养护，梁体受日照部分应加以覆盖。

9.10.12 梁跨结构体系转换应在合龙段纵向连续预应力束张拉并压浆完成后进行。

支座反力调整应满足设计要求。

Ⅳ 顶推法施工

9.10.13 顶推施工预应力混凝土连续梁应根据场地条件、工期要求、设备情况等，选择从一端顶推、从两端顶推方式，采用单点接力顶推、多点连续顶推等方式进行施工。

9.10.14 顶推施工可按图9.10.14所示流程进行。

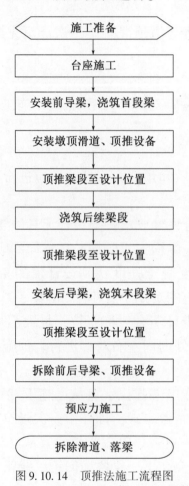

图9.10.14 顶推法施工流程图

9.10.15 梁段制作除应符合本规范9.4节的有关规定外，尚应符合下列要求：

1 预制梁段长度除应符合设计要求外，尚应考虑预应力混凝土的弹性压缩、收缩及徐变影响适当加长，并应在制作过程中根据顶推施工梁长变化情况及时进行调整，确保支座位置符合设计要求。

2 预制梁段的端面尺寸、垂直度和底面平整度须严格控制，梁段接缝面的预应力孔道相错量不应大于2mm。

3 相邻梁段应密接浇筑，后浇梁段成孔胶管深入已成梁段内长度不应小于30cm，金属波纹管成孔时搭接长度不应小于10cm，并应采用密封措施防止漏浆堵塞孔道。

4 顶推梁段的接缝方式应符合设计要求。

5 顶推梁段和顶推阶段的钢绞线应按设计要求张拉、压浆，但需要拆除的临时钢绞线不应压浆。

9.10.16 导梁长度、重量、刚度、结构类型及与梁体的连接方式应符合设计要求。

9.10.17 桥跨间过大时宜设置临时支墩，临时支墩应经设计检算，具有足够的强度、刚度和稳定性。

9.10.18 临时支墩上的滑道可设有高程、方向调整设施。

9.10.19 顶推导向及滑动设备设置应符合下列规定：
1 顶推梁体横向导向设备和梁底滑动设备设置应符合设计要求。
2 滑板可采用聚四氟乙烯板制作，其面积应根据最大反力计算确定，长度不宜小于40cm。
3 墩顶滑道表面应光滑平整，安装牢固。
4 滑道进出口坡度应小于2°。

9.10.20 顶推施工应符合下列规定：
1 顶推设备应经检验合格，千斤顶的顶推力不小于计算顶推力的2倍。
2 顶推过程中，桥墩台的纵向位移不得大于设计允许值。
3 顶升桥梁的起顶反力值不得大于计算反力的1.1倍，顶升高度不得大于设计要求值，设计无要求时一次最大顶升高度不应大于5mm。
4 单点顶推的开始和最后阶段，因竖直千斤顶与梁体间摩擦力致使梁体不能前进时，应考虑采取助推措施。
5 顶推过程应随时观测梁体中线偏移、滑道高程及位移变化，检查墩顶纵向位移和导梁与梁体连接处、梁体接缝处、未压浆的临时钢绞线锚头处等重点部位变形变位等情况，发现异常现象应立即停止顶推，分析原因及时处理。导梁前端挠度变大可能影响上梁时，应在前方墩顶提前设置接引上墩设施。
6 顶推过程中，每一滑道应设专人监视滑道工作状态和保持滑动面清洁。
7 采用牵引杆方式顶推时，千斤顶的反力台座、梁体上的拉锚器设置和牵引拉杆的配置应符合工艺设计要求。
8 梁体顶推至设计位置后，应按设计要求张拉后期钢绞线，并拆除顶推阶段的临时钢绞线。

9.10.21 落梁施工应符合下列规定：
1 桥梁顶推至设计位置后，及时将梁落到永久支座上。
2 顶落梁时应有保险设施，并随千斤顶活塞起落及时加高或降低。同一梁端的两侧支点应同步起落。

3 落梁时应以支座反力控制施工，可在不大于计算支点反力值±10%的范围内调整梁底高程。

9.10.22 桥梁顶推施工完毕，应将临时支墩拆除。

Ⅴ 转体法施工

9.10.23 预应力混凝土连续梁转体分为墩顶转体、墩底转体，连续刚构转体为墩底转体。

9.10.24 连续梁、连续刚构采用平转法进行转体施工可按图9.10.24所示流程进行。

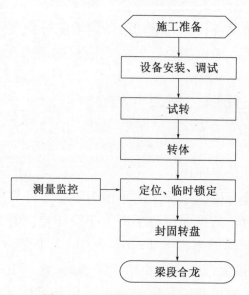

图9.10.24 转体法施工流程图

9.10.25 转体前梁体采用悬臂浇筑时，应采取临时固定措施，保证施工期间稳定性。

9.10.26 施工时应严格控制节段尺寸，防止不平衡力矩超限和梁体整体超重。

9.10.27 转体系统主要由上转盘、下转盘、转轴、转体滑道、辅助支腿、转体牵引及动力系统组成。制作安装时应符合下列规定：
  1 上、下转盘和转轴的制作安装精度及表面摩擦系数应符合设计要求。
  2 浇固于上转盘周边的辅助支腿应对称均匀布置，与下环道保持不大于20mm的间距。
  3 环形滑道基座应保持水平，滑道的平整度及辅助支腿与滑道的间距误差应符合设计要求。设计无要求时，滑道3m长度内平整度不大于±1mm，径向对称点高差不大于环形滑道直径的1/5000。

9.10.28 转体系统应设置防超转限位装置。

9.10.29 预埋于上转盘的转体牵引索固定端应与上转盘外圆相切,预埋时应清除每根钢绞线表面的锈迹、油污后,逐根顺次沿着既定索道排列缠绕后,穿过顶推千斤顶。

9.10.30 千斤顶应分别水平、对称地布置于转盘两侧的同一平面内,千斤顶的中心线应与上转盘外圆相切,中心线高度与上转盘预埋钢绞线的中心线水平,同时要求千斤顶到上转盘的距离相等。

9.10.31 转体施工应进行转体结构稳定、偏心及牵引力计算。偏心值宜为 0.05~0.15m,牵引设备应按计算牵引力的 2 倍配置。

9.10.32 转体施工应符合下列规定:
  1 主梁梁体施工完成后,拆除转盘上各临时支撑点,完成从主梁施工到梁体待转的体系转换。
  2 清除转体范围内各种障碍物。
  3 应进行桥体称重,根据实测不平衡力矩推算出所需配载重量,使实际重心偏移量满足设计偏心要求。
  4 对全桥各部位包括转盘、转轴、滑道、辅助支腿、牵引系统等进行测量、检查后,进行试转。
  5 主梁试转后,根据量测监控所提供的数据,进行二次配重。
  6 转动时应控制转速均匀,角速度不宜大于 0.02rad/min 且桥体悬臂端线速度不大于 1.5m/min。
  7 平转接近设计位置 1m 时降低平转速度,距设计位置 0.5m 时采用点动牵引法就位。

9.10.33 转体到位后,应精确测量调整中线位置,并利用千斤顶调整梁体端部高程。调整就位后及时浇筑转盘封固混凝土。

9.10.34 转盘封固、转体合龙时应符合下列规定:合龙段施工应符合本规范 9.10 节的有关规定。
  1 转体到位后,应精确测量调整中线位置,并利用千斤顶调整梁体端部高程。调整就位后应及时浇筑转盘封固混凝土。
  2 合龙段施工应符合本规范第 9.10.11 条的有关规定。

10 地下结构

10.1 一般规定

10.1.1 地下结构施工应以地质勘察资料、设计文件以及施工场地情况调查结果为依据，在确保工程施工安全、可靠的条件下，选择适宜的施工方法。

10.1.2 地下结构施工应具备下列资料：
1 工程地质、水文地质勘察报告和地质剖面图。
2 设计文件。
3 施工范围内地下管线、构筑物及邻近建筑物调查资料。

10.1.3 地下结构施工前，应结合施工范围内地下管线、构筑物和邻近建筑物的有关资料与相关产权单位沟通，并制定相应的保护措施。

10.1.4 暗挖施工时，应开展超前地质预报，了解围岩状态，根据实际地质情况调整施工方法或措施。

10.1.5 对需要采用爆破方法施工的土石方工程，应编制爆破方案，报相关部门批准后方可实施。

10.1.6 隧道支护应配合开挖及时施作，及早封闭成环。

10.1.7 初期支护与围岩应成为整体的支护体系，防水层、衬砌应与初期支护紧密贴合。

10.1.8 当开挖面围岩稳定时间不能满足初期支护结构施工时，应采取预加固措施。

10.1.9 明挖施工的结构应根据地质和现场环境条件，确定放坡或护壁开挖的施工方案。

10.1.10 盾构法隧道施工应具有施工管理体系,应建立质量控制和检验制度,并应采取安全和环境保护措施。

10.1.11 地下结构施工应按设计要求做好承轨梁的接口预留。

10.2 加固处理

Ⅰ 地表注浆加固

10.2.1 地表注浆施工前应根据设计要求进行注浆试验,确定工艺参数。

10.2.2 地表注浆孔数量应符合设计要求,孔深允许偏差为±100mm,孔位中心位置允许偏差为±50mm。

10.2.3 注浆前应对管口进行固定,注浆时应加设止浆设施,防止浆液外泛。发现冒浆漏浆时,应调整注浆参数控制注浆量和注浆压力,及时封堵浆液。

10.2.4 正在注浆的地区,其附近30m以内不得进行爆破。

10.2.5 地表注浆过程中应查看每个孔的注浆量,注浆压力应达到设计要求。

10.2.6 注浆过程中的各类钻孔应分类统一编号,资料应及时整理,绘制成图表。

10.2.7 地表注浆结束后,应按设计要求设置注后检查孔检查注浆效果,注浆孔应封填密实。

10.2.8 地表注浆不得污染环境和破坏周围水源。

Ⅱ 洞内预注浆

10.2.9 浆液配合比设计应根据试验确定并符合设计要求。

10.2.10 注浆孔布置、数量、范围应符合设计要求。注浆孔孔位间距、孔深及钻孔偏斜率允许偏差应符合表10.2.10的规定。

表10.2.10 注浆孔位、孔深、偏斜率允许偏差

序 号	检查项目	允许偏差
1	孔位间距	±50mm
2	注浆孔深	±100mm
3	钻孔偏斜率	±0.5%

10.2.11 全断面帷幕注浆应设置止浆岩盘，厚度及位置应符合设计要求。

10.2.12 注浆钻孔工程应检查地质变化情况。

10.2.13 注浆过程应根据地质和设计要求等控制注浆压力、注浆量、进浆速度等注浆参数。

10.2.14 单孔注浆压力达到设计要求值、持续注浆 10min 且进浆速度为开始进浆速度的 1/4 或进浆量达到设计进浆量的 80% 及以上时注浆方可结束。

10.2.15 注浆结束后检查其效果，检查合格后注浆钻孔及检查孔应封填密实。

10.2.16 预注浆固结体达到设计强度后方可开挖。

10.3 洞口、明洞

Ⅰ 一 般 规 定

10.3.1 洞口工程施工应符合下列要求：
1 施工宜避开雨季及严寒季节。
2 隧道与相邻路基断面的宽度和高程差应在路基范围内调整。
3 紧邻洞口的桥、涵、路基挡护等工程的施工，应结合隧道施工场地布置，及早完成。
4 洞口施工应减少仰坡开挖高度，保护生态环境，减少植被破坏。
5 洞口工程施工宜采取微振动控制爆破，当邻近建筑物时，应对建筑物下沉、倾斜、裂缝以及振动等情况作必要的监测。
6 洞口临近交通道路的施工，应采取确保道路通行安全的防护和加固措施，并应对道路沉降、边坡稳定等进行监测。

10.3.2 施工便道的引入和施工场地的平整应减少对原地貌的破坏和对洞口岩体稳定的影响。

10.3.3 洞外排水应符合下列要求：
1 洞外施工期间排水应结合永久排水系统、辅助坑道设置等措施统筹考虑，并以较短途径引排到自然沟谷中。
2 洞外排水系统应避开不良不稳定地质体，无法避开时，宜先采取处理措施，消除隐患。
3 洞外排水系统宜避免对相邻工程及其基础产生冲击、冲刷淘蚀及浸泡等不利影响；当难以避免时，相邻工程应采取防护措施。

4 洞外排水沟渠宜采用可防止泥沙淤积的排水坡度，其采用的建筑材料应具有防冲刷的能力。

Ⅱ 边、仰坡开挖及防护

10.3.4 洞口边、仰坡开挖及防护施工工艺可按图10.3.4所示流程进行。

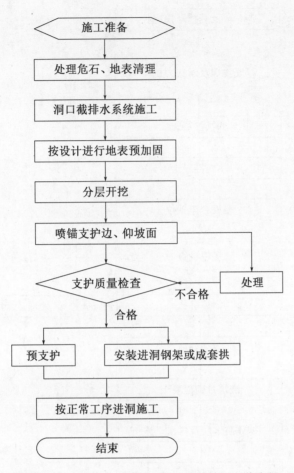

图10.3.4 洞口边、仰坡开挖及防护施工工艺流程

10.3.5 边、仰坡开挖前应完成截排水工程，洞顶地表水的处理应符合下列要求：

1 边、仰坡截、排水沟应与洞外路基排水系统良好连接；纵坡较陡时，沟身应采取设置缓坡地段和基座等措施，沟口应采取设置垂裙的防冲刷措施。

2 对不利于施工及运营安全的地表径流、坑洞、漏斗、陷穴、裂缝等，应采取封闭、引排、截流等工程措施。洞口自然冲沟、水渠、横跨隧道洞口时，应设渡槽排水。

10.3.6 边、仰坡以上可能滑塌的表土、危石应全部清除。

10.3.7 洞口边、仰坡工程应自上而下逐级开挖支护，及时完成洞口边、仰坡加固、防护及防排水工程。

Ⅲ 明 洞

10.3.8 明洞宜采用明挖法施工，其施工工艺可按图10.3.8所示流程进行。

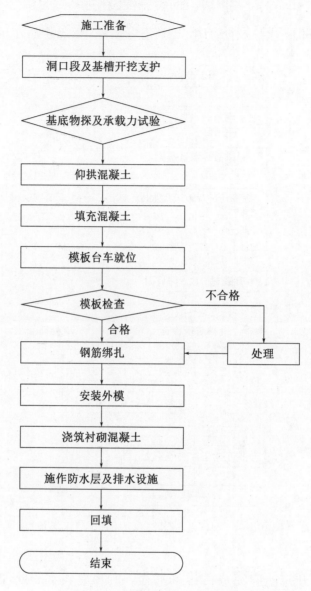

图10.3.8 明挖法施工工艺流程

10.3.9 明洞位于陡峭山坡或破碎、松软地层时，宜先施作明洞衬砌轮廓外的整幅或半幅套拱或护拱，必要时还应在外侧施作挡墙，然后在套拱护顶下暗挖明洞土石方，并及时支护边墙，成形后按暗挖隧道施作明洞衬砌。明洞暗做法施工工艺可按图10.3.9所示流程进行。

10.3.10 明洞宜及早施作，明洞仰拱应安排在明洞拱墙衬砌施工前浇筑。隧道采用爆破开挖时，宜在洞身掘进适当距离后施作明洞；非爆破开挖时，宜先施作明洞，然后再开挖隧道。

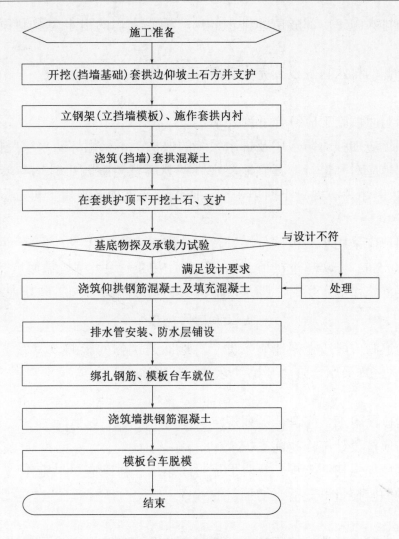

图 10.3.9 明洞暗做法施工工艺流程

10.3.11 明洞基础应设置在稳固的地基上，两侧墙体地基松散或软硬不均时，应采取措施处理，防止地基不均匀沉降。

10.3.12 明洞衬砌结构施工应符合下列要求：
1 明洞衬砌不得侵入设计轮廓线，浇筑混凝土前应复测中线、高程和模板的外轮廓尺寸。
2 明洞混凝土的浇筑应设挡头板、外模和支架。
3 需要及时回填的明洞，内模板支架应在回填至拱脚位置且混凝土强度达到设计强度的70%后方可拆除。

10.3.13 明洞防排水施工应符合下列要求：
1 明洞外模拆除后应施作防水层及排水盲管，并与隧道的防水层和排水盲管顺接，排水管应排水畅通。

2 明洞防排水施工应和隧道的排水侧沟、中心水沟的出水口及洞顶的截、排水设施统筹安排。

3 明洞外侧的排水盲管设置完成后方可填土施工。

10.3.14 明洞回填施工应符合下列要求：

1 明洞回填应加强对防水层及排水系统的保护，不得损坏防水层及排水系统。

2 侧墙回填应对称进行，石质地层中岩壁与墙背空隙较小时用与墙身同级混凝土回填，空隙较大时用片石混凝土回填密实。回填至与拱顶齐平后，再分层满铺填筑至设计高度。

3 拱顶回填应采用小型机械分层进行，分层厚度不应大于0.3m，两侧回填土面的高差不应大于0.5m；夯实超过拱顶1.0m以上后方可采用大型机械回填。

4 表土层需施作隔水层时，隔水层应与边、仰坡搭接平顺，防止地表水下渗。

Ⅳ 洞口段施工

10.3.15 隧道洞口段应根据地质条件、对地面建筑物的影响以及保障施工安全等因素选择施工方法，宜采用台阶法开挖，不应长台阶施工。

10.3.16 洞口段施工，应符合下列规定：

1 进洞前应按设计施作超前支护。
2 洞口段应加强初期支护，及时形成封闭结构，衬砌应尽早施作。
3 洞口段的监控量测应适当增加量测频率。

10.3.17 隧道洞口段处于偏压时，开挖前应按设计要求先完成洞门结构及回填施工。

10.3.18 洞口段位于浅埋、地表坡度较平缓时，可采用地表锚杆。地表锚杆施工应符合下列规定：

1 施工前应清除植被，夯平表土，清除危石。
2 锚杆应按设计要求布置孔位，垂直向下施钻。
3 成孔后应及时灌浆，灌浆管应插入孔底。
4 锚杆安装前应除锈矫直，锚杆插入深度应符合设计要求。

Ⅴ 洞　门

10.3.19 斜切式洞门施工工艺可按图10.3.19所示流程进行。

10.3.20 隧道洞门应及早完成，施工应符合下列要求：

1 隧道洞口的截、排水设施应与洞口工程同步施工，当洞门顶部水沟置于填土，应夯填密实，必要时应铺砌。

2 隧道洞门的反滤层、泄水孔、变形缝设置应符合设计要求，泄水孔排水应

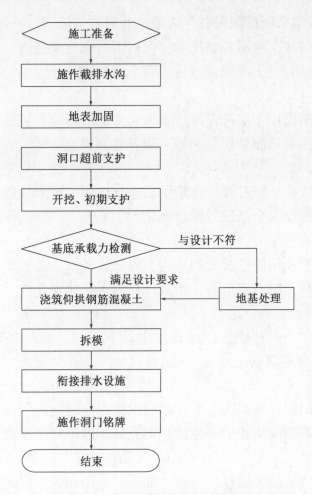

图 10.3.19 斜切式洞门施工工艺流程

通畅。

3 隧道洞门拱墙应与洞内相邻的拱墙衬砌同时施工，连成整体；施工放样位置应准确、墙面应平顺，浇筑混凝土时不得漏浆、跑模。

4 基底不得有虚渣、杂物、积水、软层，基地承载力应符合设计要求，超挖部分应采用同级混凝土与基础同步浇筑。

5 模板及支（拱）架应根据洞门结构形式、荷载大小、地基土类别、施工设备、施工工艺等条件设计；斜切式洞门内外模板和挡头板应专门设计和制作，配套使用。

6 斜切式洞门混凝土达到设计强度后，及时回填边、仰坡超挖部分，恢复自然地形坡面。

10.4 开挖

Ⅰ 一般规定

10.4.1 隧道开挖应根据施工方法、机械设备、地质条件及工程环境等因素，选择开挖方式和步骤，确定合理的循环进尺及施工速度。隧道Ⅳ、Ⅴ、Ⅵ级围岩地段、隧道浅埋、下穿建筑物及邻近既有线地段施工开挖应按照现行国家标准《爆破安全规程》

（GB 6722）的有关规定采用控制爆破，或采用非爆破方法。

10.4.2 开挖作业应减少对围岩的扰动，保护围岩的自承能力。岩石隧道钻爆开挖宜采用光面爆破技术，软岩或土质围岩隧道，宜采用机械开挖。

10.4.3 隧道开挖断面尺寸应符合设计要求，开挖断面应以包括预留变形量在内的设计轮廓线为基准，考虑贯通测量误差和施工误差等因素。

10.4.4 开挖轮廓线应采用有效的测量手段进行控制，轮廓线和炮眼位置宜采用激光指向仪、隧道激光断面仪、全站仪等配合测定。

10.4.5 开挖爆破作业不得危及支护结构、机械设备及人员的安全。钻眼及装药作业应分区定人。爆破后应及时清理危石，清理工作宜采用机械作业。

10.4.6 隧道贯通前，两开挖工作面相距小于40m时，应加强联系、统一指挥；距离15m时，应从一端开挖贯通。

10.4.7 并行隧道同向开挖的两个工作面应保持合理的纵向距离，不宜小于30m；隧间净距较小时，应采取措施防止后开挖隧道对先开挖隧道产生不良影响。

10.4.8 爆破器材的运输、储存、检验、加工、使用和退库、销毁应符合国家有关法律、法规和现行国家标准《爆破安全规程》（GB 6722）的有关规定。

Ⅱ 超欠挖控制

10.4.9 隧道开挖的允许超挖值应符合表10.4.9的要求。

表10.4.9 隧道允许超挖值（cm）

开挖部位		围岩级别		
		Ⅰ	Ⅱ～Ⅳ	Ⅴ、Ⅵ
拱部	平均线形超挖	10	15	10
	最大超挖	20	25	15
边墙平均线形超挖		10	10	10
仰拱、隧底	平均线形超挖	10		
	最大超挖	25		

注：1. 本表适用炮眼深度不大于3.0m。炮眼深度大于3.0m时，可根据实际情况另做规定。
　　2. 平均线形超挖值＝超挖横断面积/爆破设计开挖断面周长（不含隧底）。
　　3. 最大超挖值是指最大超挖处至设计开挖轮廓切线的垂直距离。

10.4.10 隧道应严格控制欠挖。岩石每平方米不应大于$0.1m^2$的个别突出部分欠挖不应大于5cm。

10.4.11 隧道超欠挖可按表10.4.11所列方法测量。

表10.4.11 隧道超欠挖的测定方法

测定方法及采用的仪器	方 法 简 述
利用激光束测定	用激光指向仪或激光经纬仪射在开挖工作面上的光束测定特定部位的超欠挖的线性值
全站仪测定	在要测定的点位粘贴反光片,用全站仪测定各点的三维坐标,通过计算绘制开挖断面,与设计断面进行比较确定
激光隧道限界测量仪测定	由免棱镜测距全站仪和手提电脑组成,通过测量开挖工作面(或任一断面),直接打印出设计断面与实际断面,并标出设定点的超欠挖值

Ⅲ 钻爆作业

10.4.12 隧道开挖应根据地质条件、开挖断面、开挖方法、掘进循环进尺、钻眼机具、爆破器材及环境要求等进行钻爆设计。钻爆设计应根据爆破效果不断调整爆破参数。

10.4.13 钻爆设计的内容应包括炮眼的布置、深度、斜率和数量,爆破器材、装药量和装药结构,起爆方法和爆破顺序,钻眼机具和钻眼要求,主要技术指标及必要的说明等。

条文说明

炮眼应包括掏槽眼、辅助眼、周边眼。

10.4.14 掏槽形式应根据钻眼机具、隧道断面大小、循环进尺、围岩级别以及爆破振动等要求选择直眼掏槽或楔形掏槽。

10.4.15 岩石隧道爆破参数应通过试验确定,无试验条件时有关参数可参照表10.4.15选用。

表10.4.15 光面爆破参数

岩 石 类 别	周边眼间距 E (cm)	周边眼抵抗线 W (cm)	相对距离 E/W	装药集中度 q (kg/m)
极硬岩	50~60	55~75	0.8~0.85	0.25~0.40
硬岩	40~55	50~60	0.8~0.85	0.15~0.25
软质岩	30~45	45~60	0.75~0.8	0.04~0.15

注:1. 表列参数适用于炮眼深度1.0~3.5m,炮眼直径40~50mm,药卷直径20~35mm。
  2. 断面较小或围岩软弱、破碎或对开挖成形要求较高时,周边眼间距 E 应取较小值。
  3. 周边眼抵抗线 W 值应大于周边眼间距 E。软岩取较小值的 E 值时,W 值应当适当增大。E/W:软岩取小值,硬岩及小断面取大值。
  4. 装药集中度 q 以装药长度的平均线装药密度计,施工中应根据炸药类型和爆破试验确定。

10.4.16 周边眼应沿隧道开挖断面轮廓线布置，内眼布置应满足周边眼抵抗线要求，其余辅助炮眼应交错均匀布置在光爆层内圈眼与掏槽眼之间，间距应满足爆破岩石块度的需要。

10.4.17 隧道爆破应根据地质、水文条件及环境保护要求选择适当的炸药品种和型号，掏槽眼宜选用高猛度的炸药，周边眼宜选用低密度、低爆速、低猛度或高爆力的炸药。

10.4.18 起爆网路宜采用导爆管和非电毫秒雷管，雷管段位的选用应便于操作并满足钻爆设计所需的段位数。必要时可采用电子延时电雷管起爆。

10.4.19 瓦斯隧道施工应符合现行行业标准《铁路瓦斯隧道技术规范》（TB 10120）的有关规定。瓦斯工区应采用煤矿许用安全炸药，并使用矿用电雷管起爆。

10.4.20 浅埋、软弱破碎围岩、邻近有建筑物等特殊地段爆破，应监测洞口附近的建（构）筑物、浅埋隧道地表的建（构）筑物、相邻隧道或地下构筑物等的爆破振动。爆破振速和扰动范围，质点振动速度应符合现行国家标准《爆破安全规程》（GB 6722）的有关规定，振速超过规定应调整爆破设计参数。

10.4.21 有医院、学校等居民生活敏感区的特殊环境条件下，爆破作业应对噪声、空气污染和粉尘进行监测和控制。

10.4.22 钻眼作业应符合下列要求：
1 爆破炮眼数量、位置、深度及斜率应符合钻爆设计要求；掏槽眼眼口间距和眼底间距的允许误差为±5cm；辅助眼眼口间距允许误差为±10cm；周边眼眼口位置允许误差为±5cm，眼底不得超出开挖断面轮廓线15cm。钻孔作业高度超过2.0m时应配备与开挖断面相适应的作业台架。
2 开挖面凹凸较大时，应按实际情况调整炮眼深度及装药量，使周边眼和辅助眼眼底在同一垂直面上。
3 钻眼完毕，应按炮眼布置图进行检查并做好记录，对不符合要求的炮眼应重钻，经检查合格后方可装药。
4 凿岩台车钻眼应符合台车构造性能要求。

10.4.23 装药作业应符合下列要求：
1 装药作业与钻孔作业不得在同一开挖工作面进行。
2 装药前应进行清孔，清除炮眼内的岩粉、积水。
3 炮眼清理完成后，应检查炮眼深度、角度、方向和炮眼内部情况，处理不符合要求的炮眼。

4 装药宜采用装药机，装药的炮眼应采用炮泥堵塞，炮泥宜采用炮泥机制作，不得采用炸药的包装材料等代替炮泥堵塞；炮泥宜采用黏土和砂混合制作，炮泥应干湿适度。

10.4.24 起爆宜采用非电毫秒雷管、导爆管或导爆索系统。

10.4.25 实施爆破时，所有人员应撤至不受有害气体、振动及飞石伤害的安全地点。安全地点至爆破工作面的距离，应根据爆破方法与装药量计算确定，在独头坑道内不得小于200m。

10.4.26 爆破效果应符合下列要求：
  1 硬岩无剥落，中硬岩基本无剥落，软弱围岩无大的剥落或坍塌。开挖轮廓符合设计要求，开挖面平整。
  2 隧道两次爆破形成的接茬错台，采用凿岩机钻眼时，不应大于15cm；采用凿岩台车钻眼不应大于25cm。
  3 爆破进尺达到钻爆设计要求，渣块块度满足装运要求。
  4 隧道爆破周边炮眼痕迹保存率，硬岩不应小于80%，中硬岩不应小于60%，并应在开挖轮廓面上均匀分布。

10.4.27 提高光面爆破效果可采用下列技术措施：
  1 周边轮廓线和炮眼的放样宜采用隧道激光断面仪或其他类似的仪器，周边轮廓线的放样允许偏差为±2cm。
  2 周边眼开眼位置应视围岩软硬调整，硬岩在轮廓线上时，软岩可向内偏移5~10cm。
  3 减小周边眼外插角度，孔深小于3m时外插角的允许斜率宜为孔深的±5%；孔深大于3m时外插角斜率宜为孔深的±3%；外插角的方向应与该点轮廓线的法线方向一致。

10.5 支护

Ⅰ 一般规定

10.5.1 隧道中线、水平、断面和净空尺寸应符合设计要求，支护、衬砌不得侵入建筑限界，放样时可将设计的轮廓线扩大5cm。

10.5.2 隧道施工应根据设计文件，对特殊岩土和不良地质地段进行分析研究，结合现场实际情况，制订支护施工方案。

10.5.3 隧道超挖部分应采用喷射混凝土或衬砌混凝土回填。

Ⅱ 超 前 支 护

10.5.4 不良地质隧道应按照设计或经批准的方案，进行超前支护，以提高围岩强度、自稳和止水能力。超前支护主要包括预注浆、超前小导管、超前锚杆、超前管棚等方式。

10.5.5 超前小导管设置及注浆应符合下列要求：
1 沿隧道拱部均匀布设；环向间距应符合设计要求，宜为 30～50cm；外插角宜为 10°～15°。
2 小导管应按设计长度施作，应大于 2 倍循环进尺，宜为 3.5～5.0m，搭接长度不应小于 1.0m。
3 应与钢架构成联合支护。
4 注浆应采用注浆泵注浆，为加速注浆，可安装分浆器同时多管注浆。
5 配制好的浆液应在规定时间内注完，随配随用。
6 注浆顺序为由下至上、浆液先稀后浓。
7 注浆压力应符合设计要求，使浆液充满钢管及其周围的空隙。

10.5.6 小导管材质和直径应符合设计要求，宜采用 $\phi 42mm$ 的无缝钢管，前端做成圆锥状，在后端焊接钢筋箍，管体布设梅花形溢浆孔。

10.5.7 小导管的钻孔、安设应符合下列要求：
1 小导管的安设应采用引孔顶入法。
2 钻孔方向应顺直。
3 钻孔深度和直径应与导管匹配。
4 钻孔采用吹孔法清孔。
5 小导管口应安装孔口阀门，外露长度不宜小于 30cm。

10.5.8 超前锚杆施工应符合下列要求：
1 超前锚杆应按设计长度加工，材质采用螺纹钢筋时，应将钢筋头部加工成扁铲形或尖形。
2 超前锚杆宜采用凿岩机或凿岩台车引孔，钻孔时应控制用水量，以防塌孔。钻孔的位置和外插角应符合设计要求。
3 锚杆砂浆应采用足够全长黏结的早强水泥砂浆从孔底注入。
4 锚杆端头应与钢架焊接牢固。

10.5.9 锚杆钻孔机具应根据锚杆类型、规格及围岩情况选择。钻孔应按设计定出孔位，其允许偏差为 ±15mm。钻杆应保持直线，宜与其所在部位的围岩主要结构面垂直。

成孔困难地段应采用自钻式锚杆。

10.5.10 锚杆安装应符合下列要求：

1 采用引孔顶入法的锚杆，安装前应清除锚杆孔中的水和渣，有水地段应先引出孔内水或在附近另行钻孔。

2 中空注浆锚杆和自进式锚杆应检查锚杆体中孔和钻头的水孔是否畅通。

3 全长黏结型锚杆孔内灌注砂浆应饱满密实，杆体插入锚杆孔时，应保持位置居中并注意旋转，使黏结剂充分搅拌。

4 上仰角较大的中空锚杆浆液应从孔口杆体周边注入。

5 自进式锚杆杆体钻进至设计深度后，应用水或空气洗孔并及时安装止浆塞。

6 锚杆应安装垫板，在砂浆体的强度达到10MPa后，垫板应用螺帽上紧并与喷层面紧贴，未接触部位应楔紧。

10.5.11 超前管棚应按设计支护参数施作，设计未明确时，外插角宜为1°~5°，管棚搭接长度不小于3m。

10.5.12 管棚钻机应根据地质条件选择，在破碎岩层或夹有孤石的地层中宜选用跟管钻进的大扭矩冲击钻机。

10.5.13 管棚施工应符合下列要求：

1 钻进地层易于成孔时，宜采用引孔顶入法；地质状况复杂不易成孔时，可采用跟管钻进工艺。

2 洞口管棚宜采用套拱内埋设导向管定位，套拱长宜为2~3m。套拱施工时应将导向管牢固、准确地固定在拱架上，再浇筑混凝土。

3 管棚节间用丝扣连接。管棚单、双序孔的连接丝扣宜错开半个节长。

4 管棚安装后，管口应封堵钢管与孔壁间空隙，连接压浆管。

5 管棚注浆前，宜将开挖工作面用喷射混凝土封闭。

6 管棚注浆应将钢管及其周围的空隙充填密实。

10.5.14 隧道开挖掌子面应采用喷射混凝土封闭、锚杆稳固等形式。掌子面喷射混凝土加固应在开挖后立即进行，厚度不小于10cm。锚杆加固宜采用玻璃纤维锚杆或其他易拆除的锚杆。

Ⅲ 初期支护

10.5.15 初期支护应在开挖后及时施作，以控制围岩变形，防止坍塌。

10.5.16 软弱围岩及不良地质隧道喷射混凝土应采用湿喷工艺，特殊地质条件下不能湿喷时需另行设计。

10.5.17 喷射混凝土应与岩面、钢架、钢筋网密贴，不得留有空洞和间隙，初期支护与围岩应成为整体的支护体系。

10.5.18 喷射混凝土应满足设计的初期强度、长期强度、厚度及其与围岩面黏结力要求。喷射混凝土3h强度应达到1.5MPa，24h强度应达到10.0MPa。

10.5.19 喷射混凝土配合比应满足设计强度和喷射工艺的要求，并通过试喷确定。湿喷混凝土水胶比不大于0.5，水泥（胶凝材料）用量不宜小于400kg/m³。

10.5.20 喷合成纤维混凝土应拌和至纤维均匀分散成单丝，时间宜为4~5min。

10.5.21 初期支护钢架应工厂化制造，出厂前应进行检验。

10.5.22 钢架安装应符合下列要求：
   1 安装时各节钢架连接板间应以螺栓连接牢固、密贴，沿钢架外缘每隔2m应用钢楔或混凝土预制块与初喷混凝土楔紧。
   2 钢架应与锁脚锚杆焊接牢固，钢架之间应设纵向连接。
   3 钢架背后的间隙应用喷射混凝土充填密实，应先喷射钢架与壁面之间的混凝土，后喷射钢架之间的混凝土；除可缩性钢架的可缩节点部位外，钢架应全部被喷射混凝土覆盖。
   4 采用分部开挖法施工时，钢架拱脚应施作锁脚锚杆，下半部开挖后钢架应及时落底。
   5 仰拱底设有钢架时，应一次全幅安装并喷射混凝土覆盖，及早闭合成环。
   6 在软弱破碎围岩或黄土隧道分部开挖中，宜扩大钢架拱脚。

Ⅳ 临时仰拱和基底处理

10.5.23 软弱围岩及不良地质隧道双线Ⅴ级围岩采用台阶法施工时应设置横向临时支撑或临时仰拱，临时支撑采用型钢，纵向每2榀1处。

10.5.24 隧道采用分部开挖需设临时仰拱时，应符合下列要求：
   1 临时仰拱可采用型钢或格栅钢架喷混凝土等形式。
   2 需要提供水平支撑力时，临时仰拱应设置成水平直线形。特殊情况下临时仰拱作为隧道内运输通道支撑时，要设置为下拱形，并设置纵向连接。

10.5.25 隧道基底处理应根据隧道净空、地质情况和设计情况选择成桩机械，施工前应通过试桩2~3根修正施工工艺参数。

10.5.26 隧道基底处理可采用旋喷桩、灰土挤密桩、树根桩、钢管桩、袖阀管注浆等方法，适应范围如下：

1 旋喷桩适应于砂类土、黏性土、黄土和淤泥等的隧道基底加固。

2 灰土挤密桩适用于处理地下水位以上的湿陷性黄土、素填土和杂填土等隧道基底加固，处理深度一般为5~15m。

3 树根桩适用于淤泥、淤泥质土、黄土、黏性土、粉土、砂土、碎石土及人工填土等的隧道基底加固。

4 钢管桩主要适用于流塑状淤泥质土、岩溶及岩溶堆积体等隧道基底加固。

5 袖阀管注浆主要适合在软黏性土等隧道基底加固。

6 土质隧道采用注浆方式进行基底处理施工时，成孔、成桩顺序宜由隧道中线向边墙进行，施工中产生的积水、浮浆应随时清除，避免浸润边墙土体。施工时应加强监控量测。

10.6 衬砌及防排水

Ⅰ 一般规定

10.6.1 二次衬砌混凝土施工应符合现行有关规定。隧道二次衬砌结构混凝土应密实、表面平整光滑、曲线圆顺，满足设计强度、防水、耐久性的要求。

10.6.2 根据现场的具体情况，应适当增加二次衬砌的外放值，以免侵限。

10.6.3 隧道拱部超挖部分应采用与二次衬砌同强度等级混凝土一次浇筑。

10.6.4 隧道工程防排水施工，应按照"防、堵、截、排，因地制宜，综合治理"的原则，采取切实可靠的施工措施。

Ⅱ 二次衬砌

10.6.5 二次衬砌施工工艺可按图10.6.5所示流程进行。

10.6.6 二次衬砌宜在围岩变形基本稳定后施作，变形趋于稳定应符合下列要求：

1 隧道周边变形速率明显下降并趋于缓和。

2 水平收敛小于0.2mm/d、拱部下沉速度小于0.15mm/d。

3 施作二次衬砌前的累计位移值已达极限位移值的80%以上。

10.6.7 在高地应力软弱围岩、膨胀岩等、变形长期不能趋于稳定的不良地质隧道，二次衬砌可提前施作，二次衬砌结构应有足够的强度和刚度。

10.6.8 二次衬砌用混凝土应符合设计文件和现行标准的有关规定。

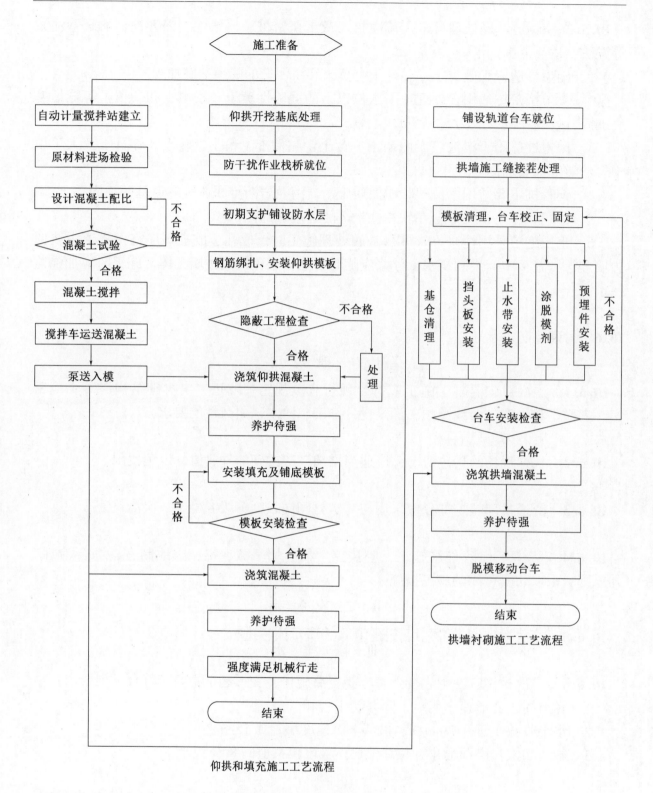

图 10.6.5 二次衬砌施工工艺流程图

10.6.9 二次衬砌施工缝、变形缝施工应符合下列要求：

1 拱墙衬砌结构混凝土施工应连续浇筑完成。

2 墙体纵向施工缝应按设计设置，不宜设在剪力与弯矩最大处或底板与边墙的交接处，应留在高出底板顶面不小于30cm，且宜在水沟盖板底面以下的墙体上，并应设连接钢筋。

3 施工缝距墙体预留孔洞边缘应大于30cm。变形缝处混凝土结构的厚度应大于30cm，嵌缝应密实。

4 混凝土浇筑段施工接头宜采用带有气囊的端模（堵头板），以防止漏浆。

5 施工缝、变形缝施工应两侧平整、顺直、清洁、无渗水。

6 在浇筑新混凝土前，垂直施工缝宜在旧混凝土面上刷一层水泥净浆；水平纵向施工缝宜在旧混凝土面上铺一层厚度不大于30mm的砂浆或不大于30cm的混凝土。

7 施工缝应凿除混凝土表面的水泥砂浆和松软层。凿除混凝土应使露出新鲜混凝土面积不低于75%；人工凿除混凝土时混凝土强度应达到2.5MPa，风动机凿除混凝土时混凝土强度应达到10MPa。

10.6.10 二次衬砌浇筑后应根据气候条件进行养护，养护时间应满足强度要求。气温低于5℃时不得洒水养护。

10.6.11 二次衬砌在初期支护变形稳定后施工的，拆模时的混凝土强度应达到8MPa；特殊情况下，二次衬砌在初期支护变形稳定前施工的，拆模时的混凝土强度应达到设计的100%。二次衬砌拆模时混凝土内部与表层、表层与环境之间的温差不得大于20℃，结构内外侧表面温差不得大于15℃；混凝土内部开始降温前不得拆模。

10.6.12 纤维混凝土搅拌宜采用预拌法。

10.6.13 仰拱（含填充）或底板混凝土强度达到5MPa后行人方可通行，达到设计强度的50%，且不破坏混凝土时，车辆方可接通行。

Ⅲ 防 排 水

10.6.14 隧道结构防排水施工工艺可按图10.6.14所示流程进行。

10.6.15 洞口防排水施工中，洞门的排水沟（管）、泄水孔应与洞内纵向排水管顺接。明洞的防水层、排水管应与隧道的防水板、排水管顺接。

10.6.16 在隧道埋深大、节理发育、地下水丰富的情况下，为保证衬砌结构外围排水畅通，消除衬砌结构静水压力，可在初期支护完成之前视情况埋设排水半管或线形排水板，形成暗埋、永久式排水通道系统，将水引入隧道纵向排水管或通过盲沟（管）引入排水沟排出洞外。

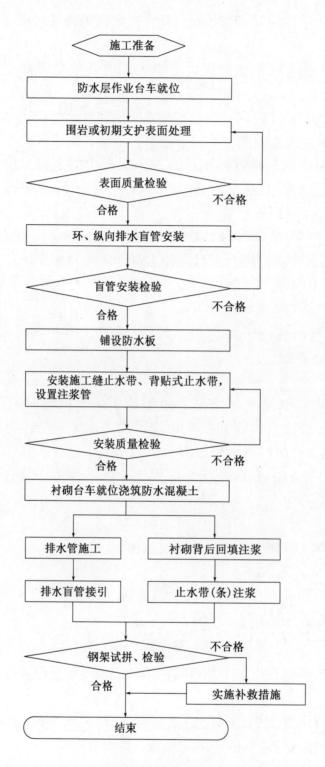

图 10.6.14 结构防排水施工工艺流程图

10.6.17 隧道防水板应采用分离式防水板,缓冲层铺设后,铺设塑料防水板。

10.6.18 止水带可选用橡胶或塑料止水带。对水压力大、变形大的施工缝、变形缝应选用钢边止水带。橡胶止水带和钢边止水带应采用三元乙丙橡胶制作,不得采用再生橡胶。塑料止水带不得采用再生塑料。当设计选用其他新型、成熟、可靠的材料时，其物理性能应符合国家相关标准的要求。

10.6.19 带注浆孔遇水膨胀止水条施工时，应将止水条上的预留注浆连接管套入搭接该止水条的另一条止水条上连接三通上。根据所安装止水条的长度，宜在30m处安装三通一处，三通的直线两端一头插入止水条内，另一头插入注浆连接管内。丁字端头插入备用注浆管内，以备缝隙渗漏水时注浆。

Ⅳ 注 浆 防 水

10.6.20 隧道注浆防水施工应根据水文地质情况、开挖支护方式、相邻隧道的相互影响、地表环境要求、水资源保护等制定注浆防水方案，根据不同情况可选择下列方案：

1 掌子面前方存在较高水压的富水区，具有较大可能、较大规模的涌水、突水且围岩结构软弱，自稳能力差，开挖后可能导致掌子面失稳而诱发突水、突泥者，宜采用全断面帷幕注浆或周边注浆。

2 掌子面前方围岩基本稳定，但局部存在一定的水流，开挖后可能导致掌子面大量渗漏水而无法施作初期支护时，宜采用超前局部注浆。

3 围岩有一定自稳能力，开挖后水压和水量较小，但出水量超过设计允许排放量时，宜采用径向注浆。

10.6.21 注浆防水宜根据工程地质和水文地质情况、注浆工艺和设备等因素，考虑浆液的流动性、可注性和稳定性等，并结合经济性选择采用水泥浆液、超细水泥浆、水泥—水玻璃浆液等材料。

10.6.22 注浆过程中应加强洞内外观察，发生窜浆，围岩、支护结构、地表出现异常情况时，应调整注浆工艺或方案。

10.7 明挖隧道

Ⅰ 一 般 规 定

10.7.1 明挖隧道应根据地形、地质条件及围护、支护结构类型，确定合理的围护结构、地基加固、开挖、支护、支撑等施工步序。

10.7.2 城市明挖施工应制定交通疏解方案，按规定设置围蔽结构及安全警示标牌。

10.7.3 地下水控制应根据工程地质、水文地质和环境条件并结合围护、支护结构等确定，可选用集水明排、降水、截水和回灌等形式。

10.7.4 石方开挖宜采用小台阶爆破，不得采用洞室爆破。边坡应采用光面爆破技术成形。

10.7.5 隧道基础应设置在稳固的地基上，当两侧墙体地基松软或软硬不均时，应采取措施处理，防止地基不均匀沉降。

Ⅱ 井点降水

10.7.6 井点降水应按照场地条件、周围地层的水文地质条件、降水深度及设备条件等进行专项设计。降水方案应包括降水设备选型、降水井布置、降水井深度、沉淀池布置、管路布置以及保护措施等。

10.7.7 降水方法可按表10.7.7选用。

表10.7.7 各类井点降水使用范围

井点类型	适合地层	土的渗透系数（m/d）	降低水位深度（m）
单层轻型井点	粉砂、粉土	0.1~50	3~6
多层轻型井点		0.1~50	6~12（由井点层数而定）
电渗井点	黏性土（含水率高，普通降水方法不适用的地层）	<0.1	根据选用的井点确定
管井井点	砂土、碎石土	20~200	3~5
喷射井点	粉质黏土、粉砂	0.1~50	8~30
深井井点	砂土、碎石土	10~250	>15

10.7.8 降水应加强监测并有相应的保护措施，防止地表及周围建筑物沉降超限。降水危及基坑及周边环境安全时，宜采用截水或回灌措施。采用回灌时应化验水质，防止污染地下水。截水后基坑中水量或水压较大时，应采用基坑内降水或坑内外降水相结合的方式。

10.7.9 降水井点施工应符合下列要求：

1 钻孔口应设置护筒，孔径应比管径大20~30cm，孔底比管底深50~100cm。

2 分节组装的井管直径应一致。钢管管井的滤管应采用穿孔钢管，开孔率不应小于20%，无砂混凝土井管孔隙率不应小于15%，外壁均应设过滤层。

3 井管各节应连接严密并同心；滤管应置于含水层中，井管口应高出地面30~50cm；井管安装就位后应临时封闭。

4 井管周围滤料应洁净，规格为含水层筛分粒径的5~10倍；滤料投放量不应小于计算的95%，井口下1m范围应用黏性土填平夯实。

Ⅲ 基坑围护桩

10.7.10 基坑围护桩成桩方法应根据设计及工程地质、水文地质、环境条件和结构类型，选用振动沉桩、静力压桩，钻（挖）孔灌注桩等。

条文说明

　　基坑围护桩一般有型钢桩、混凝土桩等，需要根据桩围护桩类别及工程地质、水文地质、环境条件等，选择相应的振动沉桩、静力压桩、钻（挖）孔灌注桩施工工艺。

10.7.11 振动、静压沉桩施工应符合下列要求：
1 沉桩应根据沉桩数量和施工条件选用沉桩机械，并按其操作技术规程施工。
2 振动沉桩振动锤的振动频率应大于桩的自振频率，振动作用线应与桩中心线一致。
3 压桩机压桩，桩帽应与桩身中心线重合，同一根桩应连续沉设。
4 沉桩过程中应检查校正桩的垂直度。

10.7.12 灌注桩施工应符合下列要求：
1 钻孔机械应根据地质、环境条件和施工进度要求确定，可选择冲击钻机、回旋钻机、旋挖钻机等。
2 钻孔护筒设置应正确、稳固，埋置深度黏土层不应小于1.00m，砂土或杂填土层不应小于1.50m；挖孔桩应设置孔口圈，顶面高出地面不应小于0.25m。
3 灌注桩应间隔施工，灌注混凝土24h后方可进行邻桩施工。
4 冠梁施工前应将支护桩桩顶浮浆凿除清理干净，桩顶出露钢筋长度应符合设计要求。

10.7.13 桩间支护应符合下列要求：
1 工字钢桩间土壁背板强度应根据计算确定，背板伸入工字钢翼缘不应小于50mm。每层土方开挖后应及时安装背板，拼接应严密，背板后空隙应回填密实；背板应随基坑回填进度拆除。
2 灌注桩桩间土壁，应用喷射混凝土封闭，并设钢筋网。

Ⅳ 地下连续墙

10.7.14 地下连续墙应根据地质、地下障碍物、施工环境等选择成槽机械，岩石成槽宜选用冲击钻机或铣槽机成槽。土层宜采用液压成槽机挖槽，抓斗中心平面应与导墙中心平面相吻合。

10.7.15 地下连续墙应分单元施工，单元槽段长度应根据施工环境、槽壁稳定性及钢筋笼起吊能力划分，宜采用4~8m；单元槽段接头不宜设在拐角处，并符合设计要求。槽段开挖应采取间隔式，宜间隔一个单元槽段。

条文说明

地下连续墙不是一次性完成，而是把它分隔成不同长度的施工段，用1台或多台成槽机分若干次开挖。加大槽段长度，可以减少结构数量，提高墙体的整体抗渗性和连续性，还可以提高施工效率；但是泥浆和混凝土一次用量及钢筋笼重量也随之增加，给泥浆和混凝土的生产和供应、钢筋笼的吊装带来困难，同时槽段的稳定性也是需要考虑的，所以根据设计、施工和地质条件等，综合考虑后确定槽段长度。

10.7.16 槽段开挖前，应沿连续墙墙面两侧构筑导墙，导墙结构应建于坚实地基上，并能承受水土压力和施工机械设备等附加荷载。导墙高度宜为1.50~2.00m，顶部应高出地面不小于0.10m，导墙不得移位和变形。导墙间净距应较连续墙设计尺寸大0.04~0.06m。

条文说明

导墙是保证连续墙精度的措施，因此，需要保证定位放线准确；导墙施作时沿中轴线向两侧，每边放宽20~30mm，是为了保证抓斗钻头及钢筋网片、锁口管进出较为顺利。

10.7.17 挖槽过程中应观测槽壁变形、垂直度、泥浆顶面高度，并应控制成槽机抓斗上下运行速度，槽段挖至设计高程后，应及时检查槽位、槽深、槽宽和垂直度，合格后方可进行清底。清底应自底部抽吸并及时补浆，清底后槽底泥浆相对密度不应大于1.15，沉淀物淤积厚度不应大于10cm。

10.7.18 地下连续墙各墙幅间竖向接头应符合设计要求，使用的锁口管应能承受混凝土灌注时的侧压力，灌注混凝土时不得产生位移和发生混凝土绕管现象。

10.7.19 地下连续墙槽段接头应按设计要求进行防水处理，可采用施工缝注浆封堵，或在槽段接头外侧采用高压旋喷桩封堵。

Ⅴ 水 泥 土 墙

10.7.20 采用深层搅拌法施工的水泥土墙宜采用多轴式钻掘搅拌机，施工工艺可按图10.7.20所示流程进行。

10.7.21 采用旋喷法施工的水泥土墙高压喷射注浆施工可选择单管法、二重管法及三重管法，施工工艺可按图10.7.21所示流程进行。

10.7.22 旋喷法施工宜采用切割搭接法，搅拌法施工宜采用重叠咬合法，在前桩水泥土尚未固化时进行后续搭接桩施工，施工开始和结束的头尾搭接处，应采取加强措施，清除搭接沟缝。水泥土墙的桩位偏差不应大于5cm，垂直度偏差不应大于1%。

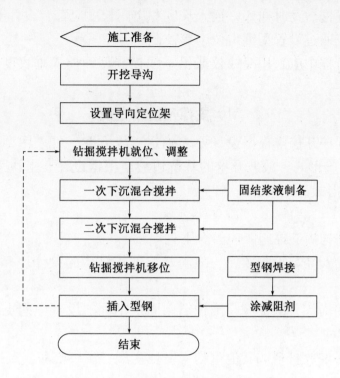

图 10.7.20　搅拌水泥土墙施工工艺流程

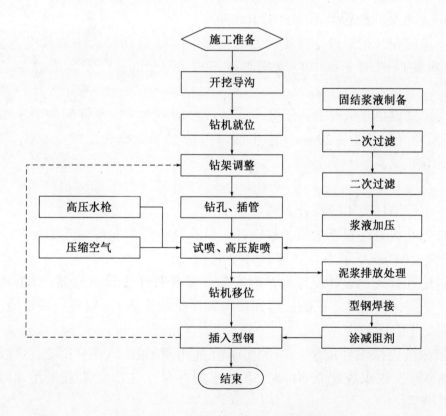

图 10.7.21　旋喷水泥土墙施工工艺流程

10.7.23 水泥土墙桩内可插入 H 型钢等芯材，插入型钢施工应符合下列要求：
  1 型钢应在成桩后及时插入，插入长度和出露长度应符合设计要求。
  2 型钢定位应通过设置型钢定位卡等控制。
  3 型钢插入过程中应采用经纬仪或铅垂线控制型钢插入垂直度，型钢垂直度偏差应符合设计要求。

Ⅵ 支撑及边坡支护

10.7.24 基坑围护开挖应根据设计要求确定支撑方案，可采用型钢或钢筋混凝土内支撑，锚杆（索）等形式。放坡开挖的基坑边坡应根据设计要求，采用锚杆、钢筋网、喷射混凝土等支护形式。

10.7.25 围护结构内支撑施工应符合下列要求：
  1 支撑结构的安装与拆除顺序，应与基坑围护结构的设计计算工况一致，应先支撑后开挖。
  2 设有围檩的横撑，围檩应与围护结构固定牢固。设有中间支撑柱的横撑，支撑柱应与横撑连接牢固。
  3 横撑上不得堆放材料或其他重物。发现变形、锲块松动或支撑体系出现故障时，应及时处理。
  4 混凝土支撑应在开挖至设计位置后，在同一平面上一次浇筑，支撑高程偏差不应大于 50mm，水平间距偏差不应大于 100mm。
  5 钢支撑应在开挖至设计位置后及时安装，并按设计要求施加预应力，安装前应进行拼装，拼装后两端支点中心线偏心量不应大于 20mm，安装后总偏心量不应大于 50mm。
  6 钢支撑安设质量应符合以下要求：轴线竖向、水平向允许偏差为 ±30mm，支撑两端的高程差允许偏差为 ±20mm，水平面偏差应小于支撑长度的 1/600，支撑的挠曲度应小于 1/1000。

10.7.26 土层锚杆施工应符合下列要求：
  1 锚杆钻孔机具应根据地质条件选择，钻孔孔位高程允许偏差为 ±50mm，水平间距允许偏差为 ±100mm，孔深应大于设计要求。
  2 锚杆应在开挖至设计位置后及时安装；锚杆杆体应设定位器，其间距锚固段不宜大于 2m，非锚固段宜为 2~3m；锚固段应置于扰动土体 1m 以外的稳定地层中，锚固段与非锚固段应界限分明。
  3 注浆浆液应按设计配制，一次注浆宜选用灰砂比 1∶1~1∶2、水胶比 0.40~0.45 的水泥砂浆，或水胶比 0.40~0.50 的水泥净浆。二次注浆宜采用水胶比 0.45~0.55 的水泥净浆。
  4 锚固段注浆应饱满密实，宜采用二次注浆。一次注浆压力宜为 0.4~0.6MPa。二次高压注浆压力宜为 2.5~5.0MPa，注浆时间应根据注浆工艺试验确定或在一次注浆强度达到5.0MPa后进行。接近地表或地下构筑物及管线的锚杆，应适当控制注浆压力。

5 锚杆的铺固段浆体达到设计强度后，方可进行张拉并锁定，张拉值应为设计荷载的75%～80%。

10.7.27 边坡锚喷支护施工应符合下列要求：

1 锚喷支护施工应按设计要求随开挖自上而下分段分层进行，采用机械开挖应修整坡面，喷射混凝土前应清理坡面。

2 下层土方开挖及锚杆施工应在上层锚杆注浆体及喷射混凝土达到设计强度的70%后进行。

3 锚杆施工应控制钻孔质量，成孔孔深允许偏差为±5cm，孔径允许偏差为±5mm，孔距允许偏差为±100mm，倾斜允许偏差为5%。

4 喷射混凝土应分段自下而上及时进行。钢筋网应在喷射第一层混凝土后铺设；采用双层钢筋网时，第二层钢筋网应在第一层被混凝土覆盖后铺设；钢筋网与锚杆应连接牢固。

5 锚杆注浆材料应符合设计要求。水泥浆水灰比宜为0.5；水泥砂浆配合比宜为1:1～1:2，水灰比宜为0.38～0.45。

Ⅶ 基坑开挖

10.7.28 基坑开挖应根据地质、环境条件等制定开挖方案。应保持地下水位在基底0.5m以下，需要爆破时应编制爆破方案报有关部门批准。

10.7.29 基坑周边地表应设截排水沟，且应避免漏水、渗水进入基坑；放坡开挖时，应对坡顶、坡面、坡脚采取截排水措施。

10.7.30 基坑应按设计要求分段、自上而下分层依次开挖，不得掏底施工。采用围护结构的基坑每段开挖中宜分层、分小段，并限时完成每小段的开挖和支撑；分段长度不宜大于25m，小段长度结合支撑间距确定，宜为3～6m；分层厚度宜为3～4m，小段开挖、支撑时限应控制在8～24h。

10.7.31 放坡开挖基坑应随基坑开挖及时刷坡及支护，边坡应平顺并符合设计要求；采用围护桩的基坑，应随基坑开挖及时护壁；地下连续墙、混凝土灌注桩及水泥土墙围护的基坑，应在混凝土、水泥土或锚杆浆体达到设计强度后方可开挖。采用围护结构的基坑应在土方开挖至支撑设计位置后及时施工内支撑或土层锚杆。

10.7.32 基坑开挖接近基底20cm时，应采取措施，不得超挖或扰动基底土。基底应平整压实，经检验合格后，及时施工混凝土垫层进行封闭。

10.7.33 基底为隔水层且层底作用承压水，或基底超挖、扰动、受冻、水浸，或发现异物、杂土、淤泥、土质松软及软硬不均时，应采取措施进行处理。

10.7.34 基坑开挖前应根据设计要求、基坑等级、开挖步序和开挖参数等制定开挖监测方案。

条文说明

监测方案应包括监控目的、监测项目、监测限值，监测方法及精度要求、测点布置、监测周期及信息管理等。

Ⅷ 衬砌结构

10.7.35 衬砌应考虑沉落量等，内轮廓应按设计要求适当放大。施工顺序应根据设计计算的基坑工况确定，应先施工仰拱（底板），后施工墙拱结构。

条文说明

明挖隧道衬砌分段以及施工顺序与设计的基坑施工工况一致，若要调整，需进行基坑支护安全性验算。

10.7.36 钢筋宜加工成型后运至现场安装。钢筋绑扎应牢固稳定，变形缝处主筋和分布筋不得触及止水带和填缝板，预埋件应固定牢固、位置正确。

10.7.37 地下连续墙作为主体结构或部分作为主体结构时，在施工二次结构时，墙体应凿毛，清理干净、调直预留钢筋。连续墙接头和二次衬砌接头宜错开。

Ⅸ 结 构 防 水

10.7.38 卷材防水层应在基面验收合格后铺贴，铺贴完成验收合格后应及时施作保护层。

条文说明

明挖衬砌的外包防水材料种类繁多，施工时根据设计的防水措施选择相应的施工工艺。

10.7.39 卷材铺贴基面应洁净、平整，含水率不宜大于9%。基面应涂刷处理剂，干燥后铺贴附加层，测放基准线后铺贴卷材。

10.7.40 结构底板先贴卷材防水层施工，应先铺平面，后铺立面，交接处应交叉搭接。墙拱防水卷材铺贴前，应先将接茬部位各层卷材揭开，并清理表面，卷材应采用错茬搭接。

10.7.41 涂膜防水层施工前应进行涂布试验。

10.7.42 涂膜防水层基面应坚实、平整、清洁，不得有渗水、起砂等现象；采用油溶性或非湿固性涂料时，基面应保持干燥。

10.7.43 涂膜防水层涂布前，应先在基层面上涂一层与涂膜材料相溶的处理剂；涂膜应分层涂布，后一层应在前层干燥后涂布；涂膜厚度应符合设计要求。分片涂布搭接宽度宜为8~10cm。

X 基坑回填

10.7.44 回填填料及碾压密实度应符合设计要求。填料使用前应进行压实试验，确定填料含水率的控制范围、松铺厚度、碾压遍数等参数。

10.7.45 基坑应在隧道和地下管线结构达到设计强度要求后及时回填。回填前应将基坑内清理干净，虚土应压实。

10.7.46 基坑回填应分层压实。隧道结构两侧回填应对称进行，两侧回填面高差不得大于0.5m；基坑回填高程不一致时，应从低处逐层填压；基坑分段回填接茬处应设置台阶，台阶宽度不得小于1.0m，高度不得大于0.5m。

10.7.47 基坑回填时，机械或机具不得碰撞隧道防水保护层。隧道结构两侧和顶部100cm范围内以及地下管线周围应采用小型机具夯填。

10.7.48 基坑回填采用机械碾压时，搭接宽度不得小于20cm；小型机具夯填重叠不得小于1/3夯底宽度。

10.8 盾构施工

I 一般规定

10.8.1 盾构类型和技术性能应满足工程地质和水文地质条件、线路条件、环境保护和隧道结构设计的要求。

10.8.2 施工现场的场地应满足工作井、门式起重机、管片存放、浆液站、泥浆处理设施、材料、渣土堆放、充电间、供配电站、控制室、库房等生产设施用地和施工运输要求。

10.8.3 盾构专项施工方案和应急预案应根据盾构类型、地质条件和工程实践制定。

条文说明

盾构施工前应根据盾构类型、地质条件和工程实践，有针对性地进行危险源和环境因素的辨识和评估，根据分析结论制定专项施工方案和应急预案，确保施工作业在安全环境下进行。

Ⅱ 设备选型

10.8.4 盾构选型与配置应适用、可靠、先进、经济，盾构机配置应包括刀盘、推进液压缸、管片拼装机、螺旋输送机、泥水循环系统、铰接装置、渣土改良系统和注浆系统等。

条文说明

盾构选型时应综合考虑工程地质的复杂性，并对不同选择进行风险分析后择其优者。在特殊施工环境中，施工安全是盾构选型时的一项极其重要的因素。盾构选型的主要方法包括地层渗透系数法、地层颗粒级配法等。

10.8.5 盾构选型依据应包括下列内容：
1. 工程地质和水文地质勘察报告。
2. 隧道线路及结构设计文件。
3. 施工安全。
4. 施工环境及其保护要求。
5. 工期条件。
6. 辅助施工方法。
7. 类似工程施工经验。

条文说明

工程地质及水文地质条件包括：地层岩性及分布状况、地层软硬程度、地下水位、地层渗透性等，同时要特别注意大粒径卵砾石地层、漂石、高灵敏度软土、松散沙层、软硬混合地层、地中障碍物、可燃及有害气体等。

隧道线路及结构设计条件包括：线路平纵断面、最小曲线半径、最大坡度、建筑限界、隧道埋深、连续掘进长度、衬砌结构形式及分度参数等。

环境条件包括：工程周边的建（构）筑物状况、地下管线情况、道路交通状况、控制沉降要求。盾构施工过程中应注重对环境的保护，防止施工过程中产生的废弃物、噪声等对环境产生污染。

10.8.6 刀盘应符合下列规定：
1. 刀盘结构的强度和刚度应满足工程要求。
2. 刀盘结构形式应适应地质条件，刀盘面板应采取耐磨措施，刀盘开口率应能满足盾构掘进和出渣要求。

3 刀具的选型和配置应根据地质条件、开挖直径、切削速度、掘进里程、最小曲线半径及地下障碍物情况等确定。

4 刀盘添加剂喷口的数量及位置应根据地质条件、刀盘结构、刀盘开挖直径等确定。

10.8.7 刀盘主驱动应符合下列规定：

1 刀盘主驱动形式应根据地质和环境要求确定，最大设计扭矩应满足地质条件和脱困要求。

2 刀盘转速应根据地质条件和施工要求确定，转速应可调。

3 刀盘驱动主轴承密封应根据覆土厚度、地下水位、添加剂注入压力、掘进里程等确定。

10.8.8 推进液压缸应采取分区控制，每个分区液压缸应具备行程监测功能。总推力应根据推进阻力的总和及所需的安全系数确定。

10.8.9 泥水循环系统应根据地质和施工条件等确定，并应具备掘进模式和旁通模式，流量应连续可调，并配置渣石处理装置。

10.8.10 铰接装置应满足隧道轴线曲率半径的要求，最大推力应大于前后壳体姿态变化引起的阻力，每组铰接液压缸应具备行程监测功能。

10.8.11 人舱和保压系统应满足作业人员开舱作业要求，人舱宜采用并联双舱式。

10.8.12 盾构主机和后配套设备结构应满足导向系统的安装和通视要求，盾构掘进管理系统应与导向系统实现数据交互。

Ⅲ 运输组装与解体

10.8.13 设备运输应有防溜车或防坠落措施，操作、维护和保养应符合操作规程要求。

10.8.14 根据最大起重量，应对设备提升能力和索具、挂钩和杆件的强度等进行检算。

10.8.15 组装前应完成下列准备工作：

1 根据盾构部件情况和场地条件，制定组装方案。

2 根据部件尺寸和重量选择组装设备。

3 核实起吊位置的地基承载力。

10.8.16 盾构组装应按作业安全操作规程和组装方案进行。

10.8.17 组装后，应先进行各系统的空载调试，然后应进行整机空载调试。

条文说明

盾构是集机、电、液、控为一体的、复杂的大型设备，包含了多个不同功能系统，若在掘进中发生问题，处理十分困难且易导致地层坍塌。因此，在现场组装后，应首先对各个系统进行空载调试，使其满足设计功能要求。然后进行整机联动调试，使盾构整机处于正常状态，以确保盾构始发掘进的顺利进行。调试通电前检测核查高压电缆及变压器要求。

10.8.18 盾构解体前，应制定解体方案，并应准备解体使用的吊装设备、工具和材料等。

Ⅳ 盾 构 掘 进

10.8.19 始发掘进前，应对洞门外经改良后的土体进行质量检查，合格后方可始发掘进；应制定洞门围护结构破除方案，并应采取密封措施保证始发安全。

条文说明

盾构始发前，进行始发条件验收，始发条件验收包含但不限于施工方案、应急预案、监测措施、人机料筹备、技术交底等项目。土体改良的质量检查是对改良效果进行检验，内容包括土体改良范围、止水效果和强度，土体强度和止水效果是否达到设计要求，防止地层发生坍塌或涌水。

10.8.20 盾构始发前，应首先复核工作井尺寸、洞门圈尺寸坐标、基座和反力架等部件尺寸，始发掘进时，应对盾构姿态进行复核。

10.8.21 负环管片定位时，管片中心线应与隧道轴线相重合。负环管片拆除前，应验算成形隧道管片与地层间的摩擦力，并应满足盾构掘进反力的要求。

10.8.22 分体始发掘进时，应保护盾构的各种管线，及时跟进后配套设备，并应确定管片拼装、壁后注浆、出土和材料运输等作业方式。

条文说明

当工作井内场地受限时，可选择分体始发方式，将盾构后配套设备放置地面，通过接长管线来使盾构掘进，此阶段尚不能形成正常的施工掘进、管片拼装、壁后注浆、出土运输等。因此，应随盾构掘进适时延长并保护好管线，跟进后配套设备，并尽快形成正常掘进全工序施工作业流程。

10.8.23 盾尾密封刷进入洞门结构后，应进行洞门圈间隙的封堵和填充注浆，注浆完成后方可掘进。洞门圈间隙封堵和注浆时，应重视对盾尾密封刷的保护。

10.8.24 土压平衡盾构开挖渣土应充满土仓，渣土形成的土仓压力应与刀盘开挖面外的水土压力平衡，并应使排土量与开挖土量相平衡。

条文说明

保持土仓压力的目的是控制地表变形和确保开挖面的稳定。如果土仓压力不足，可能发生开挖面漏水或坍塌；如果压力过大，会引起刀盘扭矩或推力的增大而导致掘进速度下降或开挖面隆起。土仓压力是利用开挖下来的渣土填充土仓和气体等平衡介质来建立的，根据地层情况确定土仓内渣土量，通过使开挖的渣土量与排出的渣土量相平衡的方法来保持。因此，根据地层特性和盾构掘进中所产生的地表变形、刀盘扭矩、推力和掘进速度等变化及时调整土仓压力。根据地层自稳能力和土仓压力的变化及时观测并适当地控制螺旋输送机的转速。

10.8.25 土压平衡盾构应根据隧道工程地质和水文地质条件、埋深、线路平面与坡度、地表环境、施工监测结果、盾构姿态以及始发掘进阶段的经验，设定盾构刀盘转速、掘进速度和土仓压力等掘进参数。

条文说明

可从盾构掘进两环以上的状态测量资料分析出盾构掘进趋势，并通过地表变形量测数据判定预设的土仓压力的准确程度，从而调整掘进参数，制定出当班的盾构掘进指令。盾构掘进指令包括每环掘进时的盾构姿态纠偏值、注浆压力与每环的注浆量、管片类型、最大掘进速度和油缸行程差、最大扭矩、螺旋输送机的最大转速等。

10.8.26 土压平衡盾构掘进中应监测和记录盾构运转情况、掘进参数变化和排出渣土状况，并应及时分析反馈，调整掘进参数和控制盾构姿态。

10.8.27 泥水平衡盾构应根据工程地质条件，经试验确定泥浆参数，应对泥浆性能进行检测，并实施泥浆动态管理。

条文说明

泥浆管理主要包括泥浆制作，泥浆性能检测，进排泥浆压力、排渣量的计算与控制，泥浆分离等。

根据开挖面地层特性合理确定泥浆参数，宜进行泥浆配合比试验。泥浆性能包括物理稳定性、化学稳定性、相对密度、黏度、含砂率、pH值等。为了控制泥浆特性，特别是在选定配合比和新浆调制期间，对上列泥浆性能进行测试。在盾构掘进中，泥浆检测的主要项目是相对密度、黏度和含砂率。

根据地层条件的变化以及泥水分离效果，需要对循环泥浆质量进行调整，使其保持在最佳状态。调整方法主要采用向泥水中添加分散剂、增黏剂、黏土颗粒等添加剂进行调整，必要时须舍弃劣质泥浆，制作新浆。

10.8.28 泥水平衡盾构应根据隧道工程地质与水文地质条件、隧道埋深、线路平面与坡度、地表环境、施工监测结果、盾构姿态和盾构始发掘进阶段的经验，设定盾构刀盘转速、掘进速度、泥水仓压力和送排泥水流量等掘进参数。

条文说明

泥水平衡盾构掘进施工的特征是循环泥浆，用泥浆维持开挖面的稳定，又将开挖渣土与泥浆混合用管道输送出地面。要根据开挖面地层条件，地下水状态、隧道埋深条件等对排土量、泥浆质量、进排泥浆流量、排浆流速进行设定和管理。

泥浆压力的设定与管理：根据开挖面地层条件与土水压力合理地设定泥浆压力。如果泥浆压力不足，可能发生开挖面的坍塌；泥浆压力过大，又可能出现泥浆喷涌。保持泥浆压力在设定的范围内，一般压力波动允许范围为±0.02MPa。

排土量的设定与管理：为了保持开挖面稳定和顺利地进行掘进开挖，排土量的设定原则是使排土与开挖的土量相平衡。理论开挖土量可用掘进距离与开挖面面积乘积得出；实际开挖量为排浆量与进浆量的差值。排土量可用在盾构配备的流量计和密度计进行检测，通过采集数据进行计算，即排浆流量与相对密度的乘积减去进浆流量与相对密度的乘积。泥水平衡主要是流量平衡和质量平衡。

10.8.29 泥水平衡盾构泥水分离设备应满足地层粒径分离要求，处理能力应满足最大排渣量的要求，渣土的存放和运输应符合环境保护要求。

条文说明

当掘进过程遇有大粒径石块进入泥水仓内，将其破碎或处理，防止其堵塞管道。

10.8.30 应通过调整盾构掘进液压缸和铰接液压缸的行程差控制盾构姿态。

10.8.31 纠偏时应控制单次纠偏量，应逐环和小量纠偏，不得过量纠偏。

条文说明

当偏差过大时，在较长距离内分次限量逐步纠偏。纠偏时需防止损坏已拼装的管片和防止盾尾漏浆。

10.8.32 开仓作业宜预先确定开仓作业的地点和方法，开仓作业地点宜选择在工作井、地层较稳定或地面环境保护要求低的地段，并应进行相关准备工作。

10.8.33 开仓作业前，应对开挖面稳定性进行判定；当在不稳定地层开仓作业时，应采取地层加固或压气法等措施，确保开挖面稳定。

10.8.34 开仓气压作业前，开挖仓内气压应通过计算和试验确定；同时应完成下列准备工作：
1 对带压开仓作业设备进行全面检查和试运行。
2 配置备用电源和气源，保证不间断供气。
3 制定专项方案与安全操作规定。

10.8.35 开仓气压作业应符合下列规定：
1 刀盘前方的地层、开挖仓、地层与盾构壳体间应满足气密性要求。
2 应按施工专项方案和安全操作规定作业。
3 应由专业技术人员对开挖面稳定状态和刀盘、刀具磨损状况进行检查。
4 作业期间应保持开挖面和开挖仓通风换气，通风换气应减小气压波动范围。
5 进仓人员作业时间应符合现行国家标准《空气潜水减压技术要求》（GB/T 12521）和现行行业标准《盾构法开仓及气压作业技术规范》（CJJ 217）的相关规定。
6 带压进仓作业时间，当压力不大于0.36MPa时，应按现行行业标准《盾构法开仓及气压作业技术规范》（CJJ 217）的有关规定执行；当压力大于0.36MPa时，应按现行国家标准《空气潜水减压技术要求》（GB/T 12521）的有关规定执行。

条文说明

地层、开挖仓、地层与盾构壳体间满足气密性要求是为了保证开挖仓内气压不会随作业时间而降低，造成失稳。

气压作业顺序一般为先除去土仓中的泥水、渣土，必要时支护正面土体和处理地下水，然后人员进入仓内进行作业。

刀具检查时，需清除刀头上黏附的砂土，确认需更换的道具。

10.8.36 盾构接收前，应对洞口段土体进行质量检查，合格后方可接收掘进。

条文说明

盾构接收前，需进行接收条件验收，满足验收条件后方可实施盾构接收。接收条件验收应包含但不限于施工方案、应急预案、监测措施、人机料筹备、技术交底等项目。

10.8.37 当盾构到达接收工作井时，应使管片环缝挤压密实，确保密封防水效果。

条文说明

盾构接收时，由于盾构开挖仓压力降低，管片间压紧力也相应减小，因此需采取措施使环缝挤压密实。一般采用隧道纵向拉紧装置。

10.8.38 掉头和过站前，应进行施工现场调查、编制技术方案及现场准备工作。掉头和过站设备应满足安全要求。

条文说明

盾构掉头和过站可选择方案较多，可根据工作井尺寸、盾构直径、重量及移动距离等确定。由于盾构重量和体积大，起吊、移动、掉头工作时间长，需预先编制安全、可靠的掉头和过站技术方案。当盾构在工作井内掉头时，可采用临时转向台掉头；小直径且重量轻的盾构，可采用起重机直接起吊掉头。当盾构在井下通过车站移动至另一个区间掘进施工时，其移动距离较大，可采用移车台或在预设轨道上使用顶推、牵引等方法掉头。

10.8.39 盾构空推应符合下列规定：
1 导台或导向轨道水平和竖直方向的精度应满足设计要求。
2 应控制盾构推力、速度和姿态，并应监测管片变形。
3 应采取措施挤紧管片防水密封条，并应保持隧道稳定。

条文说明

盾构空推时无周边围压，管片易变形、接缝易渗漏，需采取管片壁后注浆、管片纵向拉紧等措施。注浆时避免浆液窜至刀盘前方。当盾构刀盘重新切削岩土时，控制盾构滚转角。

V 管片制作与拼装

10.8.40 钢筋混凝土管片原材料应符合下列规定：
1 应具备产品质量证明文件，并应经复检合格。

2 混凝土骨料宜采用非碱活性骨料；当采用碱活性骨料时，混凝土中碱含量的限值应符合现行国家标准《混凝土结构设计规范》（GB 50010）的有关规定。

3 预埋件规格和性能应符合设计要求。

10.8.41 钢管片的钢材、焊接材料、防腐涂料、稀释剂和固化剂等原材料的品种、规格和性能等应符合设计要求。

条文说明

钢板的厚度、型钢的规格尺寸是影响承载力的主要因素，进场验收时应重点抽查钢板厚度和型钢规格尺寸。应按设计要求采取防腐蚀措施。通常钢管片的防腐要求严格，故对防腐涂料、稀释剂和固化剂等材料提出要求。

10.8.42 模具应具有足够的承载能力、刚度、稳定性和良好的密封性能，并应满足管片尺寸和形状等质量要求。

条文说明

模具的稳定性是指模具在设计周转次数内不变形，以满足对反复振捣、高温和温度重复变化等抗疲劳性能的要求。

10.8.43 当出现下列情况时，应对模具进行检验，检验结果应满足钢筋混凝土管片的质量控制要求：

1 模具每周转 100 次。
2 模具受到重击或严重碰撞。
3 钢筋混凝土管片几何尺寸不合格。
4 投入生产前模具停用超过 3 个月。

10.8.44 合模与开模应符合下列规定：

1 合模前应清理模具各部位，内表面不应有杂物和浮锈。
2 模具内表面应均匀涂刷薄层脱模剂，模板夹角处不应漏涂，且应无积聚、流淌现象，钢筋骨架和预埋件不得接触脱模剂。
3 螺栓孔预埋件、注浆孔预埋件以及其他预埋件和模具接触面应密封良好。
4 合模与开模应按使用说明书规定操作，并应保护模具和管片。
5 合模后应核对快速组装标记，模具接缝处不应漏浆。

10.8.45 管片出模强度应符合设计要求；当设计无要求时，应根据管片尺寸、混凝土强度设计等级、起吊方式和存放形式等因素综合确定。当采用吸盘脱模时，管片出模时的混凝土强度不应低于15MPa；当采用其他方式脱模时，不应低于20MPa。

10.8.46 钢筋加工应符合下列规定：

1 钢筋的品种、级别、规格和位置应符合设计要求。

2 弧形钢筋加工时应防止平面翘曲，成型后表面不得有裂纹，并应验证成型尺寸。

3 当设计允许受力钢筋设置接头时，可采用对焊连接或机械连接，接头质量应符合现行行业标准《钢筋焊接及验收规程》（JGJ 18）或《钢筋机械连接技术规程》（JGJ 107）的有关规定。

4 钢筋弯弧时进料应轻送，进入弯弧机时应保持平衡、匀速，防止平面翘曲。弯后的钢筋应在靠模上校核，弧度不符合要求时应重新进行弯制，合格后方可使用。

10.8.47 钢筋骨架应符合下列规定：

1 应采用焊接骨架，钢筋骨架应在符合要求的胎具上制作。

2 当采用焊接连接时，应根据钢筋级别、直径及焊机性能进行试焊，并应在确定焊接参数后，方可批量施焊；焊接骨架的焊点设置应符合设计要求，当设计无规定时，宜采用对称跳点焊接。

3 预埋件的材质、加工精度和焊接质量应满足设计和相关规范要求。

4 钢筋骨架成型后，应进行实测检查并填写记录，检查合格后，分类码放，弧形钢筋和钢筋骨架存放时，不应发生变形。

5 钢筋骨架入模时不应对模具造成损坏，入模后骨架各部位的保护层应符合设计要求。

10.8.48 混凝土配合比设计应符合下列规定：

1 混凝土坍落度不宜大于120mm。

2 混凝土中碱含量和氯离子含量应符合设计要求；当设计无要求时，应符合现行国家标准《混凝土结构设计规范》（GB 50010）的有关规定。

3 混凝土的各项性能应满足设计要求。

4 特种混凝土的配合比设计尚应满足国家现行相关标准的规定。

条文说明

低坍落度混凝土虽然有利于减少管片成品裂缝的出现，但如果欠振可能出现蜂窝或孔洞等外观质量缺陷。随着混凝土技术的发展和聚羧酸系高性能减水剂的使用，在保证混凝土黏聚性和保水性良好的情况下，坍落度可适当放大，但要与工艺要求相适应。国内大型的钢筋混凝土管片生产单位综合考虑模具周转要求和经济性，一般将坍落度控制在120mm左右。

10.8.49 混凝土生产与浇筑应符合下列规定：

1 当混凝土生产时，应至少留置1组标准养护试件和1组同条件养护试件；检验混凝土其他性能的试件的留置应符合现行国家标准《混凝土结构工程施工质量验收规范》（GB 50204）的有关规定。

2 混凝土浇筑时，不应扰动预埋件。

3 混凝土浇筑成形后，应在混凝土初凝前再次进行压面。

条文说明

留置的检验混凝土强度的试件作为验证配合比的依据，如果混凝土采取加热养护，则该试件应与混凝土完成同条件加热养护后再转标准养护至28d；留置同条件养护试件作为脱模或检查养护效果的依据。

10.8.50 混凝土养护应符合下列规定：

1 混凝土浇筑成形后至开模前，应对混凝土进行保湿。

2 当采用蒸汽养护时，应经试验确定养护制度，并应监控和记录温度变化。

3 管片出模后应进行养护。

10.8.51 混凝土冬期施工应符合现行行业标准《建筑工程冬期施工规程》（JGJ/T 104）的有关规定。

10.8.52 钢管片制作应符合下列要求：

1 应按设计要求或制作说明制作。

2 钢管片材质应符合设计要求，钢管片背板应采用整块钢材，不得拼接。

3 钢材弯曲矫正后，表面不应有明显的凹面或损伤，划痕深度不应大于0.5mm，且不得大于钢材厚度允许偏差值的1/2。

4 钢材焊接宜采用二氧化碳气体保护焊，并应符合现行行业标准《二氧化碳气体保护焊工艺规程》（JB/T 9186）的有关规定，焊接时应控制变形。

5 钢管片外露表面的防腐处理和涂层加工应符合设计要求和现行国家标准《钢结构工程施工质量验收规范》（GB 50205）的有关规定。

10.8.53 钢管片质量应符合下列规定：

1 钢管片的外观质量和尺寸偏差应符合现行行业标准《盾构隧道管片质量检测技术标准》（CJJ/T 164）的有关规定。

2 钢管片外观应清洁，不得有裂缝、毛边或飞溅物。

3 钢管片的螺栓孔应畅通，内圆面应平整。

4 钢管片焊缝表面不应有焊接缺陷，焊缝和涂层质量检验应符合设计要求和现行国家规范《钢结构工程施工质量验收规范》（GB 50205）的有关规定。

5 钢管片表面锈蚀应符合现行国家标准《涂覆涂料前钢材表面处理 表面清洁度的目视评定 第1部分：未涂覆过的钢材表面和全面清除原有涂层后的钢材表面的锈蚀等级和处理等级》（GB/T 8923.1）规定的C级及以上。

10.8.54 钢管片成品检验应符合下列规定：
1 应逐片检查外观质量。
2 每生产15环管片应抽检1环管片进行几何尺寸检验。
3 每生产200环管片应进行水平拼装检验1次。
4 检验结果应符合现行行业标准《盾构隧道管片质量检测技术标准》（CJJ/T 164）的有关规定。

10.8.55 管片拼装应符合下列要求：
1 拼装机作业范围内不得站人和穿行。
2 根据管片位置和拼装顺序，逐块依次拼装成环。
3 管片连接螺栓紧固扭矩应符合设计要求。管片拼装完成，脱出盾尾后，应对管片螺栓及时复紧。
4 拼装管片时，应防止管片及防水密封条损坏。
5 盾构在既有结构内空推并拼装管片时，应合理设置导台，并应采取措施控制管片拼装质量和壁后填充效果。
6 在联络通道等特殊位置拼装管片时，应根据特殊管片的设计位置，预先调整盾构姿态和盾尾间隙，管片拼装应符合设计要求。

Ⅵ 壁后注浆

10.8.56 应根据工程地质条件、地表沉降状态、环境要求及设备性能等选择注浆方式。

条文说明

壁后注浆分为同步注浆、即时注浆和二次注浆。同步注浆和即时注浆与盾构掘进同步进行，二次注浆根据隧道稳定状态和环境保护要求进行。同步注浆是在盾构掘进的同时通过盾构注浆管和管片的注浆孔进行壁后注浆的方法；即时注浆是在掘进后迅速进行壁后注浆的方法；二次注浆是对壁后注浆的补充，其目的是填充注浆后的未填充部分，补充注浆材料收缩体积减小部分，处理渗漏水和由于隧道变形引起的管片、注浆材料、地层之间产生剥离，通过填充注浆使其形成整体，提高止水效果等。注浆方法、工艺和单、双液材料等应根据地层性质、地面荷载、允许变形速率和变形值、盾构掘进参数等进行合理选定。惰性浆液一般不宜用于对环境地表沉降和隧道变形有严格要求的工程。

10.8.57 壁后注浆应符合下列规定：

1 根据注浆要求，通过试验确定注浆材料和配合比。可按地质条件、隧道条件和工程环境选用单液或双液注浆材料。

2 应根据注浆量和注浆压力控制同步注浆过程，注浆量宜为壁后空隙体积的180%，注浆速度应根据注浆量和掘进速度确定。

3 注浆压力应根据地质条件、注浆方式、管片强度、设备性能、浆液特性和隧道埋深等因素确定。

4 二次注浆的注浆量和注浆压力应根据环境条件和沉降监测结果等确定。

10.8.58 注浆前，应根据注浆施工要求准备拌浆、储浆、运浆和注浆设备，并应进行试运转。应对注浆孔、注浆管路和设备进行检查。

10.8.59 浆液应符合下列规定：

1 浆液应按施工配合比拌制。

2 浆液的相对密度、稠度、和易性、杂物最大粒径、凝结时间、凝结后强度和浆体固化收缩率均应满足工程要求。

3 拌制后浆液应易于压注，在运输过程中不得离析和沉淀。

10.8.60 注浆作业应连续进行。作业后，应及时清洗注浆设备和管路。

10.8.61 采用管片注浆口注浆后，应封堵注浆口。

Ⅶ 特殊地段施工

10.8.62 当盾构进入下列特殊地段时，应采取施工安全措施：

1 覆土厚度不大于盾构直径的浅覆土层地段。

2 小半径曲线地段。

3 坡度大于30‰的地段。

4 地下管线和地下障碍物地段。

5 建（构）筑物的地段。

6 隧道净间距小于0.7倍盾构直径的地段。

7 水域地段。

8 地质条件复杂地段、砂卵石地段以及岩溶地段。

9 存在有害气体地段。

条文说明

地铁隧道平面曲线半径小于300m，其他隧道平面曲线小于40倍盾构直径的曲线地段。小净距地段包括了邻近隧道间平行、重叠等情况，施工造成的影响与隧道间距、断面尺寸及形式、支护体系、围岩特性等密切相关。

10.8.63 特殊地段施工应符合下列规定：
1 应查明和分析地质状况和隧道周边环境状况，并应制定专项施工技术措施和应急预案。
2 根据隧道所处位置与地层条件，应合理设定开挖面压力，并应控制地层变形。
3 根据隧道所处位置与工程地质和水文地质的条件，应确定壁后注浆的材料、压力和注浆量，在施工过程中应根据量测结果及时调整。
4 应对地表、建（构）筑物、管线等变形进行监测分析，并应根据监测结果及时调整掘进参数。

10.8.64 浅覆土层地段施工应控制掘进参数和盾构姿态，采取保持开挖面稳定、防止泥浆或添加剂泄漏、喷出等措施，并采取防止隧道上浮和变形的相应措施。

10.8.65 小半径曲线地段施工应符合下列规定：
1 应控制推进液压缸行程差、盾尾间隙等参数。
2 应控制推进反力引起的管片环变形、移动等。
3 当使用超挖装置时，应控制超挖量。
4 壁后注浆应选择体积变化小、早期强度高、速凝型的注浆材料。
5 应增加施工测量频率。
6 应采取防止后配套设备脱轨或倾覆的措施。
7 应采取防止管片错台或开裂的措施。

条文说明

使用超挖刀进行开挖时，超挖越大，小半径盾构掘进越容易，但是会引起隧道变形过大，采用相关措施控制超挖量。

当壁后注浆时，根据超挖量，适当增加浆液注入量。

10.8.66 大坡度地段施工应符合下列规定：
1 当选择牵引机车时，应进行必要的计算，车辆应采取防溜车措施。
2 上坡时，应加大盾构下半部分推力，对后配套设备应采取防脱滑措施。
3 下坡时，应加强盾构姿态控制，可利用辅助液压缸等防止盾构栽头。

10.8.67 地下管线与地下障碍物地段施工应符合下列规定：
1 应查明地下管线和障碍物的类型、位置、允许变形值等，并应制定专项施工方案。
2 对受施工影响可能产生较大变形的管线，应根据具体情况进行保护。
3 应及时调整掘进速度和出渣量。

4 当从地面处理地下障碍物时，应选择合理的处理方法，处理后应进行回填。

5 当在开挖面拆除障碍物时，可选择气压作业或加固地层的施工方法，应控制地层的开挖量，并应配备所需的设备及设施。

10.8.68 建（构）筑物地段施工应符合下列规定：

1 施工前，应对建（构）筑物地段进行详细调查，评估施工对建（构）筑物的影响，并应采取相应的保护措施，控制地表变形。

2 根据建（构）筑物基础与结构的类型、现状和沉降控制值等，可采取加固、隔离或托换等措施。

3 应加强地表和建（构）筑物变形监测及反馈，及时调整盾构掘进参数。

4 壁后注浆应使用快凝早强注浆材料。

10.8.69 当隧道净间距小于0.7倍盾构直径时，施工应符合下列规定：

1 施工前，应分析施工对既有隧道的影响，或隧道同时掘进时的相互影响，并应采取相应的施工措施。

2 施工时，应控制掘进速度、开挖仓压力、出渣量和注浆压力等。

3 对既有隧道应加强监测，根据反馈调整盾构掘进参数。

4 可采取加固隧道间的土体，在既有隧道内支设钢支撑等辅助措施控制地层和隧道变形。

条文说明

隧道净间距小于0.7倍盾构直径的地段，通常称为小净距地段。小净距地段施工主要注意隧道间的相互影响。

小净距隧道施工的相互影响，一般考虑下列四种影响：

（1）后续盾构的推进对既有隧道的挤压和松动效应。

（2）后续盾构的盾尾通过对既有隧道的松动效应。

（3）后续盾构的壁后注浆对既有隧道的挤压效应。

（4）先行盾构引起的地层松弛而造成或引起后续盾构的偏移等。

伴随以上效应会发生管片变形、接头螺栓变形、断裂、漏水、地表下沉等现象。因此要采取相应措施，如加强变形监测等。

盾构紧邻既有隧道施工时，当采取土体加固、洞内钢支撑等措施仍不能满足既有隧道变形控制要求时，可先施作暗挖隧道，然后盾构切削暗挖隧道的二衬素混凝土通过。

10.8.70 水域地段施工应符合下列规定：

1 应查明工程地质、水文地质条件和河床状况，并应设定适当的开挖面压力，应加强开挖面管理与掘进参数控制。

2 应配备足够的排水设备与设施。
3 应采用快凝早强注浆材料，加强壁后同步注浆和二次注浆。
4 穿越前，应对盾构密封系统进行全面检查和处理。
5 应根据地层条件预测刀具和盾尾密封的磨损，制定更换方案。
6 应采取防止对堤岸和周边建（构）筑物影响的措施。

条文说明

水域地段是指盾构施工穿越江、河、湖、海等地段。水域地段施工主要受地下水压高的影响。

江河等水域地段地层情况复杂，需进行详细地质和水文地质调查，在水底地段更换刀具时，为防止涌水、坍塌，通常需要带压进仓更换刀具，其作业难度大、危险性高。因此在盾构长距离穿越水域地段施工时，盾构采用高可靠性的耐磨刀具和盾尾密封，尽量减少换刀和更换盾尾密封的次数和数量。

10.8.71 地质条件复杂地段、砂卵石以及岩溶地段施工应符合下列规定：
1 应根据穿过地段的地质条件，合理选择刀盘形式、刀具形式、组合方式和数量。
2 应在掘进中加强刀具磨损的检测，并应采取刀具保护措施。
3 应根据地质条件、地下水状况和地表沉降控制要求等选择掘进模式，掘进模式的转换宜采用局部气压模式作为过渡模式，并应在地质条件较好地层中完成。
4 采用土压平衡盾构通过砂卵石地段时，应进行渣土改良。
5 采用泥水平衡盾构通过砂卵石地段时，应根据砾石含量和粒径确定破碎方法和泥浆配合比。
6 在软硬不均地层掘进时，应采取措施控制地表变形。
7 在富水砂层掘进时，应加强注浆控制和渣土改良，并快速通过。
8 通过断层破碎带时，可采取超前加固措施，并加强对地下水的控制。
9 遇有大孤石影响掘进时，应采取措施处理。
10 对掘进施工影响范围内的岩溶和洞穴，应采取注浆等措施处理。

条文说明

地质条件复杂地段，以及砂卵石和岩溶地段施工时地层情况复杂，视具体情况采取相应措施，必要时需提前对地层进行处理。

不同的刀具其破岩（土）机理不同，相同的刀具对不同地层掘进效果差异大。在掘进前，针对盾构掘进通过的地层在隧道纵向和横断面的分布情况来确定刀具的组合布置方式和更换刀具的计划。

地层的软硬不均会对刀具产生非正常的磨损（如弦磨、偏磨等）甚至损坏。因此，在软硬不均地层的复合地层的盾构掘进中，通过对盾构掘进速度、刀具贯入度、参数和排出渣土等的变化状况的观察分析或采取开仓等方法加强对刀具磨损的检测，据此及时调整参数保护刀具或更换刀具，以较少的刀具消耗实现较高的掘进效率。

遇有大孤石影响时，先探明孤石的大小、强度及分布等情况，并根据现场条件制定合理的处理方法，优先采用地面预处理，不具备条件的采取洞内处理。对于长距离孤石地层盾构掘进，提前布局换刀点并做好预加固处理，避免刀具严重损伤造成被迫停机。采用地表钻孔爆破排除孤石应根据孤石大小、刀盘开口尺寸、螺旋输送机出渣能力等制定爆破方案。孤石洞内处理先对影响范围内的地层进行加固，达到加固要求后才能开仓作业。

掘进范围内有溶洞或洞穴的，先探明岩溶、洞穴的发育情况，包括大小、形状及分布等，在盾构掘进前进行注浆处理，可采用抽芯钻孔和标贯钻孔检查注浆质量和岩溶、洞穴的充盈程度。盾构掘进中，加强出土量或泥浆量、同步注浆压力等参数的监控，发现异常时停止掘进。

Ⅷ 联络通道施工

10.8.72 联络通道施工前，可根据施工环境和地质条件，选择从地表对联络通道围岩进行降水固结、注浆等预加固。

10.8.73 联络通道开挖前，应对联络线通道附近一定范围的盾构隧道结构进行加固。

10.8.74 破除特殊管片前，应对联络通道围岩进行超前支护或加固。

10.9 承轨梁结构

10.9.1 承轨梁施工前应通过控制点进行承轨梁边线放样，每隔10m测设一个断面，做好标记，并对每个标记点进行高程测量，作为立模依据。

10.9.2 承轨梁应采取相应的措施与基底连接，基底应进行拉毛或凿毛处理，并清洁，无积水油污。

10.9.3 承轨梁钢筋的规格及型号应符合设计要求，半成品加工好后应分类存放、挂牌标识。钢筋绑扎完成后应设置与承轨梁混凝土同等强度的混凝土保护层垫块。

10.9.4 承轨梁模板宜采用钢模板，安装应稳固牢靠。

10.9.5 承轨梁混凝土施工应符合下列规定：
1 根据弹出的模板边线，精确安装模板，两侧模板连续设置；模板安装应稳固牢靠，接缝不得漏浆。
2 彻底清理模板范围内的杂物。混凝土入模前应对基面洒水湿润。

3 混凝土浇筑前再次检查确认模板、钢筋状态，符合要求后方可进行混凝土施工。

4 混凝土宜采用插入式捣固振捣棒，不得漏捣、过振。振捣过程中应加强检查模板支持的稳定性和接缝的密合情况；施工过程中严格控制承轨梁高程。

5 承轨梁混凝土应振捣密实，表面抹平。

10.9.6 承轨梁外形尺寸允许偏差应符合表 10.9.6 的规定。

表 10.9.6 外形尺寸允许偏差

序 号	项 目	允 许 偏 差
1	顶面高程	±5mm
2	宽度	±5mm
3	中线位置	3mm
4	平整度	5mm/3m
5	伸缩缝位置	10mm

10.10 附属设施

10.10.1 排水管道接头牢固，沟管无淤积，排水坡度应符合设计要求，完成后应进行畅通检查。

10.10.2 隧道通风、防灾救援、洞内附属构筑物等与土建相关的运营设施安装应符合设计要求。

10.10.3 照明及其附件安装应符合带电安全距离要求。

10.10.4 标志标线应按设计要求定位准确、图像清晰、标示方向正确、文字醒目。

11 车站建筑及结构

11.1 一般规定

11.1.1 地下站的施工方法可采用明挖法、盖挖法和暗挖法。

11.1.2 车站的站台、站厅公共区、自动扶梯、疏散通道、安全出口、楼梯转角等处应设置灯光或蓄光型疏散指示标志；区间隧道应设置可控制指示方向的疏散指示标志。

11.1.3 车站装修宜体现交通建筑特性，导向设施应完整、无盲区。

11.1.4 车站应设置无障碍设施。

11.2 地基与基础

Ⅰ 无支护土方

11.2.1 土方开挖应符合本规范第10.7节的有关规定。

11.2.2 土方回填工程应符合下列规定：
1 回填前，应根据设计要求和不同质量等级标准来确定施工工艺和方法。
2 回填时，应先低处后高处，逐层填筑。

11.2.3 土方回填应填筑压实，且压实系数应满足设计要求。当采用分层回填时，应在下层的压实系数经试验合格后，方可进行上层施工。

Ⅱ 有支护土方

11.2.4 基坑开挖应符合下列规定：
1 当支护结构构件强度达到开挖阶段的设计强度时，方可向下开挖；对采用预应力锚杆的支护结构，应在施加预加力后，方可开挖下层土方；对土钉墙，应在土钉、喷射混凝土面层的养护时间大于2d后，方可开挖下层土方。
2 应按支护结构设计规定的施工顺序和开挖深度分层开挖。
3 开挖至锚杆、土钉施工作业面时，开挖面与锚杆、土钉的高差不宜大于500mm。

4 开挖时，挖土机械不得碰撞或损害锚杆、腰梁、土钉墙墙面、内支撑及其连接件等构件，不得损害已施工的基础桩。

5 当基坑采用降水时，地下水位以下的土方应在降水后开挖。

6 当开挖揭露的实际土层性状或地下水情况与设计依据的勘察资料明显不符，或出现异常现象、不明物体时，应停止挖土，通知四方主体单位确认后，再由设计单位确认采取相应处理措施后方可继续挖土。

7 挖至坑底时，应避免扰动基底持力土层的原状结构。

11.2.5 地下水控制方法可采用集水明排、降水、截水和回灌等形式单独或组合使用。

11.2.6 排水沟和集水井布置应符合下列规定：

1 排水沟和集水井宜布置在建筑基础边净距0.4m以外，排水沟边缘距离边坡坡脚不应小于0.3m。在基坑四角或每隔30.0~40.0m应设一个集水井。

2 排水沟底面应比挖土面低0.3~0.4m，集水井底面应比沟底面低0.5m以上。

11.2.7 降水井宜在基坑外缘采用封闭式布置，井间距应大于15倍井管直径，在地下水补给方向应适当加密；当基坑面积较大、开挖较深时，宜在基坑内设置降水井。

11.2.8 降水井的深度应根据设计降水深度、含水层的埋藏分布和降水井的出水能力确定。

11.2.9 排桩施工应符合下列规定：

1 轴线和垂直轴线方向的桩位允许偏差应为50mm，垂直度的允许偏差应为1%。

2 钻孔灌注桩桩底沉渣不应超过200mm。当用作承重结构时，桩底沉渣应符合现行行业标准《建筑桩基技术规范》（JGJ 94）的有关规定。

3 排桩宜采取隔桩施工，并应在灌注混凝土24h后进行邻桩成孔施工。

4 非均匀配筋排桩的钢筋笼在绑扎、吊装和埋设时，应保证钢筋笼的安放方向与设计方向一致。

5 冠梁施工前，应将支护桩桩顶浮浆凿除清理干净，桩顶以上露出的钢筋长度应达到设计要求。

11.2.10 地下连续墙施工应符合下列规定：

1 地下连续墙单元槽段长度可根据槽壁稳定性及钢筋笼起吊能力划分，宜为4~8m。

2 施工前宜进行墙槽成槽试验，确定施工工艺流程，选择操作技术参数。

3 槽段长度沿轴线方向允许偏差为±50mm，厚度允许偏差为±10mm，倾斜度不大于1/150。

11.2.11 锚杆施工应符合下列规定：

1 锚杆钻孔孔位允许偏差为50mm，倾斜度允许偏差为3°。

2 注浆液采用水泥浆时，水灰比宜取0.50~0.55；采用水泥砂浆时，水灰比宜取0.40~0.45，灰砂比宜取0.50~1.00，细骨料宜选用中粗砂。

3 注浆管端部至孔底的距离不宜大于200mm；注浆及拔管过程中，注浆管口应始终埋入注浆液面内，应在水泥浆液从孔口溢出后停止注浆；注浆后，当浆液液面下降时，应进行孔口补浆。

4 采用二次压力注浆工艺时，二次压力注浆宜采用水灰比为0.50~0.55的水泥浆；二次注浆管应牢固绑扎在杆体上，注浆管的出浆口应采取逆止措施；二次压力注浆时，终止注浆的压力不应小于5MPa。

5 预应力锚杆张拉锁定时应符合以下规定：

（1）当锚杆固结体的强度达到设计强度的75%且不小于15MPa后，方可进行锚杆张拉锁定。

（2）拉力型钢绞线锚杆宜采用钢绞线线束整体张拉锁定的方法。

（3）锚杆锁定前，应按表11.2.11的张拉值进行锚杆预制拉；锚杆张拉应平缓加载，加载速率不宜大于$0.1N_K$/min，此处N_K为锚杆轴向拉力标准值；在张拉值下的锚杆位移和压力表应保持稳定，当锚头位移不稳定时，应判定此锚杆不合格。

（4）预应力损失量宜通过对锁定前、后锚杆拉力的测试确定；缺少测试数据时，锁定时的锚杆拉力可取锁定值的1.10~1.15倍。

（5）锚杆锁定应考虑相邻锚杆张拉锁定引起的预应力损失，当锚杆预应力损失严重时，应进行再次锁定；锚杆出现锚头松弛、脱落、锚具失效等情况时，应及时进行修复并对其进行再次锁定。

（6）当锚杆需要再次张拉锁定时，锚具外杆体的长度和完好程度应满足张拉要求。

表11.2.11 锚杆的张拉值

支护结构的安全等级	锚杆张拉值与轴向拉力标准值N_K的比值
一级	1.4
二级	1.3
三级	1.2

11.2.12 基坑开挖和土钉墙施工应按设计要求自上而下分段分层进行。在机械开挖后，应辅以人工修整坡面，坡面平整度的允许偏差宜为±20mm，在坡面喷射混凝土支护前，应清除坡面虚土。

11.2.13 土钉墙施工顺序应包括下列内容：

1 按设计要求开挖工作面，修整边坡，埋设喷射混凝土厚度控制标志。

2 喷射第一层混凝土。

3 钻孔安设土钉、注浆，安设连接件。
4 绑扎钢筋网，喷射第二层混凝土。
5 设置坡顶、坡面和坡脚的排水系统。

11.2.14 土钉墙高度不大于12m时，喷射混凝土面层的构造要求应符合下列规定：
1 喷射混凝土面层厚度宜为80～100mm。
2 喷射混凝土强度等级不宜低于C20。
3 喷射混凝土面层应配置钢筋网和通长的加强钢筋。钢筋网的直径宜为6～10mm，钢筋网间距宜为150～250mm，钢筋网间的搭接长度应大于300mm，加强钢筋的直径宜为14～20mm。当充分利用土钉杆体的抗拉强度时，加强钢筋的截面面积不应小于土钉杆体截面面积的1/2。

Ⅲ 地基处理

11.2.15 浅层软弱土层或不均匀土层的地基处理宜采用换填垫层。

11.2.16 换填垫层的压实标准应符合表11.2.16的规定。

表11.2.16 换填垫层的压实标准

施工方法	换填材料类别	压实系数 λ_c
碾压振密或夯实	碎石、卵石	≥0.97
	砂夹石（其中碎石、卵石占全重的30%～50%）	
	土夹石（其中碎石、卵石占全重的30%～50%）	
	中砂、粗砂、砾砂、角砾、圆砾、石屑	
	粉质黏土	≥0.97
	灰土	≥0.95
	粉煤灰	≥0.95

注：1. 压实系数 λ_c 为土的控制干密度 ρ_d 与最大干密度 ρ_{dmax} 的比值；土的最大干密度宜采用击实试验确定；碎石或卵石的最大干密度可取 2.1～2.2t/m³。
2. 表中压实系数 λ_c 系使用轻型击实试验测定土的最大干密度 ρ_{dmax} 时给出的压实控制标准，采用重型击实试验时，对粉质黏土、灰土、粉煤灰及其他材料压实标准应为压实系数 $\lambda_c \geq 0.94$。

11.2.17 淤泥质土、淤泥、冲填土等饱和黏性土地基可采用预压地基方法处理，处理工艺可分为堆载预压、真空预压、真空和堆载联合预压。

11.2.18 夯实地基分为强夯和强夯置换处理地基。碎石土、砂土、低饱和度的粉土与黏性土、湿陷性黄土、素填土和杂填土等地基可采用强夯处理；高饱和度的粉土与软塑～流塑的黏性土地基可采用强夯置换。

11.2.19 压实填土的质量以压实系数 λ_c 控制，并应根据结构类型和压实填土所在部位按表11.2.19的要求确定。

表11.2.19 压实填土的质量控制

结构类型	填土部分	压实系数 λ_c	控制含水率（%）
砌体承重结构和框架结构	在地基主要受力层范围以内	≥0.97	$w_{op} \pm 2$
砌体承重结构和框架结构	在地基主要受力层范围以下	≥0.95	$w_{op} \pm 2$
排架结构	在地基主要受力层范围以内	≥0.96	$w_{op} \pm 2$
排架结构	在地基主要受力层范围以下	≥0.94	$w_{op} \pm 2$

注：地坪垫层以下及基础底面高程以上的压实填土，压实系数不应小于0.94。

11.2.20 振冲碎石桩、沉管砂石桩复合地基处理应符合下列规定：

1 对大型的、重要的或场地地层复杂的工程，以及对于处理不排水抗剪强度不小于20kPa的饱和黏性土和饱和黄土地基，应在施工前通过现场试验确定其适用性。

2 不加填料振冲挤密法适用于处理黏粒含量不大于10%的中砂、粗砂地基，在初步设计阶段宜进行现场工艺试验，确定不加填料振密的可行性，确定孔距、振密电流值、振冲水压力、振后砂层的物理力学指标等施工参数；30kW振冲器振密深度不宜超过7m，75kW振冲器振密深度不宜超过15m。

11.2.21 水泥土搅拌桩复合地基处理应符合下列规定：

1 水泥土搅拌桩的施工工艺分为浆液搅拌法和粉体搅拌法。可采用单轴、双轴、多轴搅拌或连续成槽搅拌形成柱状、壁状、格栅状或块状水泥土加固体。

2 对采用水泥土搅拌桩处理地基，除应符合现行国家标准《岩土工程勘察规范》（GB 50021）的有关规定进行岩土工程详细勘察外，尚应查明拟处理地基土层的pH值、塑性指数、有机质含量、地下障碍物及软土分布情况、地下水位及其运动规律等。

3 施工前应进行处理地基土的室内配比试验。针对现场拟处理地基土层的性质，选择合适的固化剂、外掺剂及其掺量，为设计提供不同龄期、不同配比的强度参数。对竖向承载的水泥土强度宜取90d龄期试块的立方体抗压强度平均值。

4 增强体的水泥掺量不应小于12%，块状加固时水泥掺量不应小于加固天然土质量的7%；湿法的水泥浆水灰比可取0.5~0.6。

5 水泥土搅拌桩复合地基宜在基础和桩之间设置褥垫层，厚度宜为200~300mm。褥垫层材料可选用中砂、粗砂、级配砂石等，最大粒径不宜大于20mm。褥垫层的夯填度不应大于0.9。

11.2.22 旋喷桩复合地基处理应符合下列规定：

1 旋喷桩施工，应根据工程需要和土质条件选用单管法、双管法和三管法；旋喷桩加固体形状可分为柱状、壁状、条状或块状。

2 在制定旋喷桩方案时，应搜集邻近建筑物和周边地下埋设物等资料。

3 旋喷桩方案确定后，应结合工程情况进行现场试验，确定施工参数及工艺。

11.2.23 灰土挤密桩、土挤密桩复合地基处理应符合下列规定：

1 当地基土的含水率高于24%、饱和度大于65%时，应通过试验确定其适用性。

2 对重要工程或在缺乏经验的地区，施工前应按设计要求，在有代表性的地段进行现场试验。

Ⅳ 桩 基

11.2.24 灌注桩成孔施工的允许偏差应符合本规范9.2节的有关规定。

Ⅴ 地下工程防水

11.2.25 防水混凝土应连续浇筑，宜少留施工缝。当留设施工缝时，应符合下列规定：

1 墙体水平施工缝不应留在剪力最大处或底板与侧墙的交接处，应留在高出底板表面不小于300mm的墙体上。拱（板）墙结合的水平施工缝，宜留在拱（板）墙接缝线以下150～300mm处。墙体有预留孔洞时，施工缝距孔洞边缘不应小于300mm。

2 垂直施工缝应避开地下水和裂隙水较多的地段，并宜与变形缝相结合。

11.2.26 大体积防水混凝土的施工，应符合下列规定：

1 在设计许可的情况下，掺粉煤灰混凝土设计强度等级的龄期宜为60d或90d。

2 宜选用水化热低和凝结时间长的水泥。

3 宜掺入减水剂、缓凝剂等外加剂和粉煤灰、磨细矿渣粉等掺合料。

4 炎热季节施工时，应采取降低原材料温度、减少混凝土运输时吸收外界热量等降温措施，入模温度不应大于30℃。

5 混凝土内部宜预埋管道，进行水冷散热。

6 应采取保温保湿养护。混凝土中心温度与表面温度的差值不应大于25℃，表面温度与大气温度的差值不应大于20℃，温降梯度不得大于3℃/d，养护时间不应少于14d。

11.2.27 水泥砂浆防水层可用于地下工程主体结构的迎水面或背水面，不应用于受持续振动或温度高于80℃的地下工程防水。

11.2.28 水泥砂浆防水层应分层铺抹或喷射，铺抹时应压实、抹平，最后一层表面应提浆压光。

11.2.29 水泥砂浆防水层各层应紧密黏合，每层宜连续施工；应留设施工缝时，应采用阶梯坡形槎，但离阴阳角处的距离不得小于200mm。

11.2.30 卷材防水层宜用于经常处在地下水环境，且受侵蚀性介质作用或受振动作用的地下工程。卷材防水层应铺设在混凝土结构的迎水面。

11.2.31 卷材防水层用于建筑物地下室时，应铺设在结构底板垫层至墙体防水设防高度的结构基面上；用于单建式的地下工程时，应从结构底板垫层铺设至顶板基面，并应在外围形成封闭的防水层。

11.2.32 卷材防水层的卷材应符合下列规定：
1 卷材外观质量、品种规格应符合国家现行有关标准的规定。
2 卷材及其胶黏剂应具有良好的耐水性、耐久性、耐刺穿性、耐腐蚀性和耐菌性。

11.2.33 铺贴各类防水卷材应符合下列规定：
1 应铺设卷材加强层。
2 结构底板垫层混凝土部位的卷材可采用空铺法或点粘法施工，其黏结位置、点粘面积应按设计要求确定；侧墙采用外防外贴法的卷材及顶板部位的卷材应采用满粘法施工。
3 卷材与基面、卷材与卷材间的黏结应紧密、牢固；铺贴完成的卷材应平整顺直，搭接尺寸应准确，不得产生扭曲和皱折。
4 卷材搭接处和接头部位应粘贴牢固，接缝口应封严或采用材性兼容的密封材料封缝。
5 铺贴立面卷材防水层时，应采取防止卷材下滑的措施。
6 铺贴双层卷材时，上下两层和相邻两幅卷材的接缝应错开1/3~1/2幅宽，且两层卷材不得相互垂直铺贴。
7 铺贴卷材严禁在雨天、雪天、五级以上大风中施工；冷粘法、自粘法施工的环境气温不宜低于5℃，热熔法、焊接法施工的环境气温不宜低于-10℃。

11.2.34 无机防水涂料可选用掺外加剂、掺合料的水泥基防水涂料、水泥基渗透结晶型防水涂料。有机防水涂料可选用反应型、水乳型、聚合物水泥等涂料。

11.2.35 无机防水涂料宜用于结构主体的背水面，有机防水涂料宜用于地下工程主体结构的迎水面，用于背水面的有机防水涂料应具有较高的抗渗性，且与基层有较好的黏结性。

Ⅵ 混凝土基础

11.2.36 桩基承台施工顺序宜先深后浅。

11.2.37 当承台埋置较深时，应对邻近建筑物及市政设施采取必要的保护措施，在施工期间应进行监测。

11.2.38 基坑开挖前应对边坡支护形式、降水措施、挖土方案、运土路线及堆土位置编制施工方案，若桩基施工引起超孔隙水压力，宜待超孔隙水压力大部分消散后开挖。

11.2.39 绑扎钢筋前应将灌注桩桩头浮浆部分和预制桩桩顶锤击面破碎部分去除，桩体及其主筋埋入承台的长度应符合设计要求，并应按设计施作桩头和垫层防水。

11.2.40 承台混凝土应一次浇筑完成，混凝土入槽宜采用平铺法。对大体积混凝土施工，应采取有效措施防止温度应力引起裂缝。

11.3 主体结构

Ⅰ 混凝土结构

11.3.1 模板工程应编制专项施工方案。滑模、爬模、飞模等工具式模板工程及高大模板支架工程的专项施工方案，应进行技术论证。

11.3.2 模板及支架应保证工程结构和构件各部分形状、尺寸和位置准确，且应便于钢筋安装和混凝土浇筑、养护。

11.3.3 接触混凝土的模板表面应平整，并应具有良好的耐磨性和硬度；清水混凝土的模板面板材料应保证脱模后所需的饰面效果。

11.3.4 脱模剂涂于模板表面后，应能有效减小混凝土与模板间的吸附力，应有一定的成膜强度，且不应影响脱模后混凝土表面的后期装饰。

11.3.5 模板面板背侧的木方高度应一致。制作胶合板模板时，其板面拼缝处应密封。地下室外墙和人防工程墙体的模板对拉螺栓中部应设止水片，止水片应与对拉螺栓环焊。

11.3.6 模板安装应保证混凝土结构构件各部分形状、尺寸和相对位置准确，并应防止漏浆。

11.3.7 模板安装应与钢筋安装配合进行，梁柱节点的模板宜在钢筋安装后安装。

11.3.8 模板安装完成后，应将模板内杂物清除干净。

11.3.9 后浇带的模板及支架应独立设置。

11.3.10 固定在模板上的预埋件、预留孔和预留洞均不得遗漏,且应安装牢固、位置准确。

11.3.11 竖向模板安装时,应在安装基层面上测量放线,并应采取保证模板位置准确的定位措施。对竖向模板及支架,安装时应有临时稳定措施。安装位于高空的模板时,应有可靠的防倾覆措施。应根据混凝土一次浇筑高度和浇筑速度,采取合理的竖向模板抗侧移、抗浮和抗倾覆措施。

11.3.12 对跨度不小于4m的梁、板,其模板起拱高度宜为梁、板跨度的1/1000～3/1000。

11.3.13 现浇结构模板的尺寸允许偏差应符合表11.3.13的规定。

表11.3.13 现浇结构模板允许偏差

序 号	项 目		允许偏差(mm)
1	轴线位置		5
2	地模上表面标高		±5
3	截面内部尺寸	基础	±10
		柱、墙、梁	+4 -5
4	层高垂直度	全高不大于5m	6
		全高大于5m	8
5	相邻两板表面高低差		2
6	表面平整度		5

11.3.14 支架立柱和竖向模板安装在基土上时,应符合下列规定:
1 基土应坚实,并应有排水措施。对湿陷性黄土,应有防水措施。对冻胀性土,应有防冻融措施。对软土地基,当需要时可采用堆载预压的方法调整模板面安装高度。
2 应设置具有足够强度和支承面积的垫板,且应中心承载。

11.3.15 采用扣件式钢管作高大模板支架的立杆时,支架搭设应完整,并应符合下列规定:
1 钢管规格、间距和扣件应符合设计要求。
2 立杆上应每步设置双向水平杆,水平杆应与立杆扣接。
3 立杆底部应设置垫板。

11.3.16 采用碗扣式、插接式和盘销式钢管架搭设模板支架时，应符合下列规定：
1 碗扣架或盘销架的水平杆与立柱的扣接应牢靠，不应滑脱。
2 立杆上的上、下层水平杆间距不应大于1.8m。
3 插入立杆顶端可调托座伸出顶层水平杆的悬臂长度不应超过650mm，螺杆插入钢管的长度不应小于150mm，其直径应满足与钢管内径间隙不小于6mm的要求。架体最顶层的水平杆步距应比标准步距缩小一个节点间距。
4 立柱间应设置专用斜杆或扣件钢管斜杆加强模板支架。

11.3.17 支架的垂直斜撑和水平斜撑应与支架同步搭设，架体应与成形的混凝土结构拉结。钢管支架的垂直斜撑和水平斜撑的搭设应符合国家现行钢管脚手架有关标准的相关规定。

11.3.18 扣件式钢管支架安装应符合下列规定：
1 混凝土梁下支架立杆间距的偏差不应大于50mm，混凝土板下支架立杆间距的偏差不应大于100mm，水平杆间距的偏差不应大于50mm。
2 应全数检查承受模板荷载的水平杆与支架立杆连接的扣件。
3 采用双扣件构造设置的抗滑移扣件，其上下顶紧程度应全数检查，扣件间隙不应大于2mm。

11.3.19 碗扣式、门式、插接式和盘销式钢管支架安装应符合下列规定：
1 插入立杆顶端可调托撑伸出顶层水平杆的悬臂长度。
2 水平杆杆端与立杆连接的碗扣、插接和盘销的连接状况，不应松脱。
3 按规定设置的垂直和水平斜撑。

11.3.20 钢筋在运输和存放时，不得损坏包装和标志，并应按牌号、规格、炉批分别堆放。室外堆放时，应采用避免钢筋锈蚀的措施。

11.3.21 钢筋的表面应清洁、无损伤，加工前应将油渍、漆污和铁锈应清除干净。带有颗粒状或片状老锈的钢筋不得使用。钢筋除锈后如有严重的表面缺陷，应重新检验该批钢筋的力学性能及其他相关性能指标。

11.3.22 钢筋加工宜在常温状态下进行，加工过程中不应加热钢筋。钢筋弯折应一次完成，不得反复弯折。

11.3.23 钢筋的接头宜设置在受力较小处。同一纵向受力钢筋不宜设置两个或两个以上的接头。接头末端至钢筋弯起点的距离不应小于钢筋公称直径的10倍。

11.3.24 钢筋机械连接应符合现行行业标准《钢筋机械连接技术规程》（JGJ 107）的有关规定。机械连接接头的混凝土保护层厚度宜符合现行国家标准《混凝土结构设计规范》（GB 50010）中受力钢筋最小保护层厚度的有关规定，且不得小于15mm；接头之间的横向净距不宜小于25mm。

11.3.25 钢筋焊接连接应符合现行行业标准《钢筋焊接及验收规程》（JGJ 18）的有关规定。

11.3.26 钢筋绑扎的细部构造应符合下列规定：
 1 钢筋的绑扎搭接接头应在接头中心和两端用铁丝扎牢。
 2 墙、柱、梁钢筋骨架中各垂直面钢筋网交叉点应全部扎牢；板上部钢筋网的交叉点应全部扎牢，底部钢筋网除边缘部分外可间隔交错扎牢。
 3 梁、柱的箍筋弯钩及焊接封闭箍筋的对焊点应沿纵向受力钢筋方向错开设置。构件同一表面，焊接封闭箍筋的对焊接头面积百分率不宜超过50%。
 4 填充墙构造柱纵向钢筋宜与框架梁钢筋共同绑扎。
 5 梁及柱中箍筋、墙中水平分布钢筋及暗柱箍筋、板中钢筋距构件边缘的距离宜为50mm。

11.3.27 浇筑前应检查混凝土送料单，核对混凝土配合比，确认混凝土强度等级，检查混凝土运输时间，测定混凝土坍落度，必要时还应测定混凝土扩展度，在确认无误后再进行混凝土浇筑。

11.3.28 浇筑混凝土前，应清除模板内或垫层上的杂物。表面干燥的地基、垫层、模板上应洒水湿润；现场环境温度高于35°C时宜对金属模板进行洒水降温；洒水后不得留有积水。

11.3.29 混凝土浇筑应保证混凝土的均匀性和密实性。混凝土宜一次连续浇筑；当不能一次连续浇筑时，可留设施工缝或后浇带分块浇筑。

11.3.30 混凝土浇筑后，在混凝土初凝前和终凝前宜分别对混凝土裸露表面进行抹面处理。

11.3.31 柱、墙混凝土设计强度等级高于梁、板混凝土设计强度等级时，混凝土浇筑应符合下列规定：
 1 柱、墙混凝土设计强度比梁、板混凝土设计强度高两个等级及以上时，应在交界区域采取分隔措施。分隔位置应在低强度等级的构件中，且距高强度等级构件边缘不应小于500mm。

2 宜先浇筑高强度等级混凝土，后浇筑低强度等级混凝土。

11.3.32 施工缝或后浇带处浇筑混凝土应符合下列规定：
1 结合面应采用粗糙面；结合面应清除浮浆、疏松石子、软弱混凝土层，并应清理干净。
2 结合面处应采用洒水方法进行充分湿润，并不得有积水。
3 施工缝处已浇筑混凝土的强度不应小于 1.2MPa。
4 柱、墙水平施工缝水泥砂浆接浆层厚度不应大于 30mm，接浆层水泥砂浆应与混凝土浆液同成分。
5 后浇带混凝土强度等级及性能应符合设计要求；当设计无要求时，后浇带强度等级宜比两侧混凝土提高一级，并宜采用减少收缩的技术措施进行浇筑。

11.3.33 混凝土振捣应能使模板内各个部位混凝土密实、均匀，不应漏振、欠振、过振。

11.3.34 混凝土振捣应采用插入式振动棒、平板振动器或附着振动器，必要时可采用人工辅助振捣。

11.3.35 振动棒振捣混凝土应符合下列规定：
1 应按分层浇筑厚度分别进行振捣，振动棒的前端应插入前一层混凝土中，插入深度不应小于 50mm。
2 振动棒应垂直于混凝土表面并快插慢拔均匀振捣；当混凝土表面无明显塌陷、有水泥浆出现、不再冒气泡时，可结束该部位振捣。
3 振动棒与模板的距离不应大于振动棒作用半径的 0.5 倍；振捣插点间距不应大于振动棒的作用半径的 1.4 倍。

11.3.36 混凝土浇筑后应及时进行保温保湿养护，保湿养护可采用洒水、覆盖、喷涂养护剂等方式。选择养护方式应考虑现场条件、环境温湿度、构件特点、技术要求、施工操作等因素。

Ⅱ 砌 体 结 构

11.3.37 砌筑烧结普通砖、烧结多孔砖、蒸压灰砂砖、蒸压粉煤灰砖砌体时，砖应提前 1~2d 适度湿润，不得采用干砖或处于吸水饱和状态的砖砌筑，块体湿润程度宜符合下列规定：
1 烧结类块体的相对含水率为 60%~70%。
2 混凝土多孔砖及混凝土实心砖不需浇水湿润，但在气候干燥炎热的情况下，宜在砌筑前对其喷水湿润、其他非烧结类块体的相对含水率为 40%~50%。

11.3.38 砌筑填充墙时，轻骨料混凝土小型空心砌块和蒸压加气混凝土砌块的产品龄期不应小于28d，蒸压加气混凝土砌块的含水率宜小于30%。

11.3.39 吸水率较小的轻骨料混凝土小型空心砌块及采用薄灰砌筑法施工的蒸压加气混凝土砌块，砌筑前不应对其浇（喷）水湿润；在气候干燥炎热的情况下，对吸水率较小的轻集料混凝土小型空心砌块宜在砌筑前喷水湿润。

11.3.40 采用普通砌筑砂浆砌筑填充墙时，烧结空心砖、吸水率较大的轻集料混凝土小型空心砌块应提前1~2d浇（喷）水湿润。蒸压加气混凝土砌块采用蒸压加气混凝土砌块砌筑砂浆或普通砌筑砂浆砌筑时，应在砌筑当天对砌块砌筑面喷水湿润。块体湿润程度宜符合下列规定：
1 烧结空心砖的相对含水率为60%~70%。
2 吸水率较大的轻集料混凝土小型空心砌块、蒸压加气混凝土砌块的相对含水率为40%~50%。

11.3.41 填充墙砌体尺寸、位置的允许偏差及检验方法应符合表11.3.41的规定：

表11.3.41 填充墙砌体尺寸、位置的允许偏差

序 号	项 目		允许偏差（mm）
1	轴线位移		10
2	垂直度（每层）	≤3m	5
		>3m	10
3	表面平整度		8
4	门窗洞口高、宽（后塞口）		±10
5	外墙上、下窗口偏移		20

11.4 装饰装修工程

11.4.1 车站装饰装修区域可分为公共区装修和设备区装修。

11.4.2 车站建筑装修工程施工前应对结构净空尺寸，柱子、墙面的垂直度、轴线、预埋件及预留孔、槽等进行检查，应符合设计要求。

11.4.3 建筑装饰装修工程施工中，不得违反设计文件擅自改动建筑主体承重结构或主要使用功能，不得未经设计确认和有关部门批准擅自拆改水、暖、电、燃气、通信等配套设施。

Ⅰ 抹 灰 工 程

11.4.4 基层处理应符合下列规定：

1 砖砌体，应清除表面杂物、尘土，抹灰前应洒水湿润。

2 混凝土，表面应凿毛或在表面洒水润湿后涂刷1∶1水泥砂浆。

3 加气混凝土，应在湿润后边刷界面剂，边抹强度不大于M5的水泥混合砂浆。

11.4.5 抹灰层的平均总厚度应符合设计要求。

11.4.6 抹灰应分层进行，每遍厚度宜为5~7mm。抹石灰砂浆和水泥混合砂浆每遍厚度宜为7~9 mm。当抹灰总厚度超出35mm时，应采取加强措施。

11.4.7 底层抹灰强度不得低于面层的抹灰层强度。

Ⅱ 门 窗 工 程

11.4.8 门窗安装前应对门窗洞口尺寸进行检验。

11.4.9 门窗的固定方法应符合设计要求。门窗框、扇在安装过程中，应防止变形和损坏。

11.4.10 建筑外门窗的安装应牢固，在砖砌体上安装门窗不得用射钉固定。

11.4.11 特种门安装除应符合设计要求和本规范规定外还应符合有关专业标准和主管部门的规定。

11.4.12 铝合金门窗的安装应符合下列规定：

1 门窗装入洞口应横平竖直，不得将门窗框直接埋入墙体。

2 密封条安装时应留有比门窗的装配边长20~30mm的余量，转角处应斜面断开，并用胶黏剂粘贴牢固。

3 门窗框与墙体间缝隙不得用水泥砂浆填塞，应采用弹性材料填嵌饱满，表面应用密封胶密封。

Ⅲ 吊 顶

11.4.13 吊杆、龙骨的安装间距、连接方式应符合设计要求。后置埋件、金属吊杆、龙骨应进行防腐处理。木吊杆、木龙骨、造型木板和木饰面板应进行防腐、防火、防蛀处理。

11.4.14 龙骨的安装应符合下列要求：

1 应根据吊顶的设计标高在四周墙上弹线。弹线应清晰，位置应准确。

2 主龙骨吊点间距、起拱高度应符合设计要求。当设计无要求时，吊点间距应小于1.2m，应按房间短向跨度的1‰~3‰起拱。主龙骨安装后应及时校正其位置标高。

3 吊杆应通直，距主龙骨端部距离不得超过300mm。当吊杆与设备相遇时，应调整吊点构造或增设吊杆。

4 次龙骨应紧贴主龙骨安装。固定板材的次龙骨间距不得大于600mm，在潮湿地区和场所，间距宜为300~400mm。用沉头自攻钉安装饰面板时，接缝处次龙骨宽度不得小于40mm。

5 暗龙骨系列横撑龙骨应用连接件将其两端连接在通长次龙骨上。明龙骨系列的横撑龙骨与通长龙骨搭接处的间隙不得大于1mm。

6 边龙骨应按设计要求弹线，固定在四周墙上。

7 全面校正主、次龙骨的位置及平整度，连接件应错位安装。

11.4.15 暗龙骨饰面板安装应符合下列规定：

1 以轻钢龙骨、铝合金龙骨为骨架，采用钉固法安装时应使用沉头自攻钉固定。

2 以木龙骨为骨架，采用钉固法安装时应使用木螺钉固定，胶合板可用铁钉固定。

3 金属饰面板采用吊挂连接件、插接件固定时应按产品说明书的规定放置。

4 采用复合粘贴法安装时，胶黏剂未完全固化前板材不得有强烈振动。

Ⅳ 饰面板（砖）工程

11.4.16 墙面砖铺贴应符合下列规定：

1 墙面砖铺贴前应进行挑选，并应浸水2h以上，晾干表面水分。

2 铺贴前应进行放线定位和排砖，非整砖应排放在次要部位或阴角处。每面墙不宜有两列非整砖，非整砖宽度不宜小于整砖的1/3。

3 铺贴前应确定水平及竖向标志，垫好底尺，挂线铺贴。墙面砖表面应平整，接缝应平直，缝宽应均匀一致。阴角砖应压向正确，阳角线宜做成45°对接。在墙面突出物处，应整砖套割吻合，不得用非整砖拼凑铺贴。

4 结合砂浆宜采用1:2水泥砂浆，砂浆厚度宜为6~10mm。水泥砂浆应满铺在墙砖背面，一面墙不宜一次铺贴到顶。

11.4.17 装饰面板板墙面和柱面应符合下列规定：

1 装饰面板表面平整光滑、无裂缝和褶皱，颜色一致，边角整齐，厚度一致。

2 龙骨安装应牢固、平整。受力节点应安装严密、牢固，保证龙骨的整体刚度；龙骨尺寸符合设计要求。

3 装饰面板的尺寸应根据结构实际尺寸进行分格排布。

V 幕墙工程

11.4.18 幕墙及其连接件应具有足够的承载力刚度和相对于主体结构的位移能力。幕墙构架立柱的连接金属角码与其他连接件应采用螺栓连接并应有防松动措施。

11.4.19 隐框半隐框幕墙所采用的结构黏结材料应采用中性硅酮结构密封胶，其性能应符合现行国家标准《建筑用硅酮结构密封胶》（GB 16776）的有关规定。

11.4.20 主体结构与幕墙连接的各种预埋件其数量、规格、位置和防腐处理应符合设计要求。

11.4.21 幕墙的金属框架与主体结构应通过预埋件连接，预埋件应在主体结构混凝土施工时埋入，其位置应准确。当没有条件采用预埋件连接时，应采用其他可靠的连接措施，并应通过试验确定其承载力。

11.4.22 幕墙的抗振缝、伸缩缝、沉降缝等部位的处理，应保证缝的使用功能和饰面的完整性。

Ⅵ 涂饰工程

11.4.23 涂饰工程的基层处理应符合下列要求：
1 新建筑物的混凝土或抹灰基层在涂饰涂料前应涂刷抗碱封闭底漆。
2 旧墙面在涂饰涂料前应清除疏松的旧装修层并涂刷界面剂。
3 混凝土或抹灰基层涂刷溶剂型涂料时，含水率不得大于8%；涂刷乳液型涂料时，含水率不得大于10%。木材基层的含水率不得大于12%。
4 基层腻子应平整、坚实、牢固、无粉化、起皮和裂缝。
5 卫生间墙面应使用耐水腻子。

11.4.24 涂饰施工可采用滚涂法、喷涂法和刷涂法。

条文说明

滚涂法：先将蘸取漆液的毛辊按W方式运动将涂料大致涂在基层上，然后用不蘸取漆液的毛辊紧贴基层上下、左右来回滚动，使漆液在基层上均匀展开，最后用蘸取漆液的毛辊按一定方向满滚一遍。阴角及上下口宜采用排笔刷涂找齐。

喷涂法：喷枪压力控制在0.4~0.8MPa范围内。喷涂时喷枪与墙面保持垂直，距离在500mm左右，匀速平行移动。两行重叠宽度控制在喷涂宽度的1/3范围内。

刷涂法：按先左后右、先上后下、先难后易、先边后面的顺序进行。

Ⅶ 细部工程

11.4.25 车站公共区的柱角、墙角等易于受到人体或者物体碰撞部位应做倒圆角处理，人流密集区的落地玻璃幕墙、柱应设置防撞踢脚或防撞栏杆等设施。

11.4.26 安装在易于受到人体或物体碰撞部位的建筑玻璃，应采取保护措施。根据易发生碰撞的建筑玻璃所处的具体部位，可采取在视线高度设醒目标志或设置护栏等防碰撞措施。碰撞后可能发生高处人体或玻璃坠落的，应采用可靠护栏。

11.4.27 栏杆及楼梯扶手施工应符合下列规定：
1 不锈钢栏杆及楼梯扶手使用的材料品种、规格应符合设计要求，管壁厚度如设计无要求，应大于 1.2mm。
2 栏杆及梯铁扶手安装位置应正确牢固，扶手坡度与楼梯的坡度应一致，栏杆应垂直，间距正确。
3 栏杆主柱与扶手的界面应吻合，焊缝密实，焊口表面光滑、清洁、颜色应与原材料一致。
4 扶手转角为弧形角时应圆顺、光滑、不变形，直拐角界面割角应正确，接缝严密，外形美观。
5 玻璃栏板、隔断玻璃等外观、质量和性能应符合现行行业标准《建筑玻璃应用技术规程》(JGJ 113) 的有关规定，玻璃栏板等外露部分应做倒圆角钝化处理。

Ⅷ 建筑地面工程

11.4.28 公共区楼地面施工应符合下列规定：
1 公共区地面花岗石材铺装应平整无色差，石材色泽应均匀统一，施工前应做六面防护，地面石材铺装时，其分隔应与墙体分隔对缝处理；卫生间石材应采用防滑措施，微小高差处应采用坡道衔接。
2 月台面设置的变形缝及检查孔，其镶边角钢预埋件应与地面基层结合牢固、直顺、宽窄一致并与月台面齐平；变形缝的盖板条及检查孔盖板表面应平整。

Ⅸ 其 他

11.4.29 车站服务及导向标志施工应符合下列规定：
1 在车站的月台层、站厅层、地面出入口，以及与车站相连的物业开发区、地下步行街、商店、行人道等公共区域，应设置明显而易于识别的车站服务及导向标志。
2 车站服务及导向标志按要求统一标准，并注意与其他标志的区别和协调。

11.5 屋面工程

11.5.1 屋面工程所采用的防水、保温材料应有产品合格证书和性能检测报告，材料的品种、规格、性能等应符合设计和产品标准的要求。材料进场后，应按规定抽样检验，合格后方可使用。

11.5.2 找坡层和找平层的基层施工应符合下列规定：
1 应清理结构层上面的松散杂物，凸出基层表面的硬物应剔平扫净。
2 抹找坡层前，宜对基层洒水湿润。
3 突出屋面的管道、支架等根部，应用细石混凝土堵实和固定。
4 对不易与找平层结合的基层应做界面处理。

11.5.3 找坡应按屋面排水方向和设计坡度要求进行，找坡层最薄处厚度不宜小于20mm。

11.5.4 板状材料保温层施工应符合下列规定：
1 基层应平整、干燥、干净。
2 相邻板块应错缝拼接，分层铺设的板块上下层接缝应相互错开，板间缝隙应采用同类材料嵌填密实。
3 采用干铺法施工时，板状保温材料应紧靠在基层表面上，并应铺平垫稳。
4 采用黏结法施工时，胶黏剂应与保温材料兼容，板状保温材料应贴严、粘牢，在胶黏剂固化前不得上人踩踏。
5 采用机械固定法施工时，固定件应固定在结构层上，固定件的间距应符合设计要求。

11.5.5 进场的保温材料应检验下列项目：
1 板状保温材料的表观密度或干密度、压缩强度或抗压强度、导热系数、燃烧性能。
2 纤维保温材料应检验表观密度、导热系数、燃烧性能。

11.5.6 卷材防水层基层应坚实、干净、平整、无孔隙、起砂和裂缝。基层的干燥程度应根据所选防水卷材的特性确定。

11.5.7 卷材防水层铺贴顺序和方向应符合下列规定：
1 卷材防水层施工时，应先进行细部构造处理，然后由屋面最低标高向上铺贴。
2 檐沟、天沟卷材施工时，宜顺檐沟、天沟方向铺贴，搭接缝应顺流水方向。
3 卷材宜平行屋脊铺贴，上下层卷材不得相互垂直铺贴。

11.5.8 卷材搭接缝施工应符合下列规定：

1 平行屋脊的搭接缝应顺流水方向，搭接缝宽度应符合表11.5.8的规定。
2 同一层相邻两幅卷材短边搭接缝错开不应小于500mm。
3 上下层卷材长边搭接缝应错开，且不应小于幅宽的1/3。
4 叠层铺贴的各层卷材，在天沟与屋面的交接处，应采用叉接法搭接，搭接缝应错开；搭接缝宜留在屋面与天沟侧面，不宜留在沟底。

表11.5.8 屋面的基本构造层次（mm）

卷材种类		铺贴方法			
		短边搭接		长边搭接	
		满粘法	空铺、点粘、条粘法	满粘法	空铺、点粘、条粘法
沥青防水卷材		100	150	70	100
高聚物改性沥青防水卷材		80	100	80	100
合成高分子防水卷材	胶黏剂	80	100	80	100
	胶黏带	50	60	50	60
	单缝焊	60，有效焊接宽度不小于25			
	双缝焊	80，有效焊接宽度为（10×2+空腔宽）			

11.5.9 热熔法铺贴卷材应符合下列规定：
1 火焰加热器的喷嘴距卷材面的距离应适中，幅宽内加热应均匀，应以卷材表面熔融至光亮黑色为度，不得过分加热卷材；厚度小于3mm的高聚物改性沥青防水卷材，不得采用热熔法施工。
2 卷材表面沥青热熔后应立即滚铺卷材，滚铺时应排除卷材下面的空气。
3 搭接缝部位宜以溢出热熔的改性沥青胶结料为度，溢出的改性沥青胶结料宽度宜为8mm，并宜均匀顺直。当接缝处的卷材上有矿物粒或片料时，应用火焰烘烤及清除干净后再进行热熔和接缝处理。
4 铺贴卷材时应平整顺直，搭接尺寸应准确，不得扭曲。

11.5.10 自粘法铺贴卷材应符合下列规定：
1 铺粘卷材前，基层表面应均匀涂刷基层处理剂，干燥后应及时铺贴卷材。
2 铺贴卷材时应将自粘胶底面的隔离纸完全撕净。
3 铺贴卷材时应排除卷材下面的空气，并辊压粘贴牢固。
4 铺贴的卷材应平整顺直，搭接尺寸应准确，不得扭曲、皱折。低温施工时，立面、大坡面及搭接部位宜采用热风机加热，加热后应随即粘贴牢固。
5 搭接缝口应采用材性兼容的密封材料封严。

11.5.11 施工完的防水层应进行雨后观察、淋水或蓄水试验，并应在合格后再进行保护层和隔离层的施工。

11.5.12 水泥砂浆及细石混凝土保护层铺设应符合下列规定：
 1 水泥砂浆及细石混凝土保护层铺设前，应在防水层上做隔离层。
 2 细石混凝土铺设不宜留施工缝；当施工间隙超过时间规定时，应对接槎进行处理。
 3 水泥砂浆及细石混凝土表面应抹平压光，不得有裂纹、脱皮、麻面、起砂等缺陷。

11.6 界面工程

11.6.1 梁、柱、墙、板施工时，门窗、电梯、机电设备等预埋件应根据相应的图集及产品样品核实无误后再预埋。

11.6.2 混凝土墙和梁板的留洞，以及各种预埋件的留设在施工前均应与有关工种图纸相互核对，土建与设备密切配合，发现问题及时与设计人员联系，以免遗漏或差错。所有预埋件在埋入前应做彻底除锈处理。

11.6.3 电梯井道施工应按照电梯厂家要求设置圈梁。

12 车辆基地

12.1 一般规定

12.1.1 车辆基地工程施工前,应根据工程规模、环境条件,统一规划临时设施,修筑临时便道。

12.1.2 车辆基地工程应遵循先场坪后围墙、先地下后地上、先土建后安装、先围护后主体的原则。

12.1.3 车辆基地工程施工时,应做好场地临时排水措施。

12.2 房屋建筑工程

12.2.1 钢筋混凝土框架结构施工应符合本规范第11章的有关规定。

12.2.2 钢结构工程施工单位应具备相应的钢结构工程施工资质。

12.2.3 安装前,应按构件明细表核对进场的构件,查验产品合格证和设计文件;工厂预拼装过的构件在现场组装时,应根据预拼装记录进行。

12.2.4 钢构件吊装前应清除表面上的油污、冰雪、泥沙和灰尘等杂物,并做好轴线和标高标记。

12.2.5 钢结构安装应根据结构特点按照合理顺序进行,并形成稳定的空间刚度单元,必要时增加临时支承结构或临时措施。

12.2.6 钢结构吊装宜在构件上设置专门的吊装耳板或吊装孔。设计文件无特殊要求时,吊装耳板和吊装孔可保留在构件上。若需去除耳板,可采用气割或碳弧气刨方式在离母材3~5mm位置切除,不得采用锤击方式去除。

12.2.7 吊装设备的选择应综合考虑吊装设备的起重性能、结构特点、现场环境、作业效率等因素。

12.2.8 钢结构安装前应对建筑物的定位轴线、基础轴线和标高、地脚螺栓位置等进行检查，并办理交接验收。

12.2.9 当基础工程分批进行交接时，每次交接验收不应少于一个安装单元的柱基基础，并应符合下列规定：
1 基础混凝土强度达到设计要求。
2 基础周围回填夯实完毕。
3 基础的轴线标志和标高基准点准确、齐全。

12.2.10 锚栓及预埋件安装应符合下列规定：
1 宜采取锚栓定位支架、定位板等辅助固定措施。
2 锚栓和预埋件安装到位后，应可靠牢固；当锚栓埋设精度较高时，可采用预留孔洞、二次埋设等工艺。
3 锚栓应采取防止损坏、锈蚀和污染的保护措施。
4 钢柱地脚螺栓紧固后，外露部分应采取防止螺母松动和锈蚀的措施。
5 当锚栓需要施加预应力时，可采用后张拉方法，张拉力应符合设计文件的要求，并应在张拉完成后进行灌浆处理。

12.2.11 高强度螺栓应在构件安装精度调整后进行拧紧。高强度螺栓安装应符合下列规定：
1 扭剪型高强度螺栓安装时，螺母带圆台面的一侧应朝向垫圈有倒角的一侧。
2 大六角头高强度螺栓安装时，螺栓头下垫圈有倒角的一侧应朝向螺栓头，螺母带圆台面的一侧应朝向垫圈有倒角的一侧。

12.2.12 钢柱安装应符合下列规定：
1 柱脚安装时，锚栓宜使用导入器或护套。
2 首节钢柱安装后应及时进行垂直度、标高和轴线位置校正，钢柱的垂直度可采用经纬仪或线锤测量。校正合格后钢柱须可靠固定并进行柱底二次灌浆，灌浆前应清除柱底板与基础面之间杂物。
3 首节以上的钢柱定位轴线应从地面控制轴线直接引上，不得从下层柱的轴线引上；钢柱校正垂直度时，应考虑钢梁接头焊接的收缩量，预留焊缝收缩变形值。
4 倾斜钢柱可采用三维坐标测量法进行测校，或采用柱顶投影点结合标高进行测校，校正合格后宜采用刚性支撑固定。

12.2.13 钢梁安装应符合下列规定：

1 钢梁宜采用两点起吊；当单根钢梁长度大于21m，采用2个吊装点吊装不能满足构件强度和变形要求时，宜设置3~4个吊装点吊装或采用平衡梁吊装，吊点位置应通过计算确定。

2 钢梁可采用一机一吊或一机串吊的方式吊装，就位后应立即临时固定连接。

3 钢梁面的标高及两端高差可采用水准仪与标尺进行测量，校正完成后应进行永久性连接。

12.2.14 吊车梁安装的允许偏差应符合表12.2.14的规定。

表12.2.14 吊车梁安装的允许偏差（mm）

序号	项 目		允许偏差	
1	柱脚底座中心线对定位轴线的偏移		5	
2	柱基准点标高（有吊车梁）		+3 −5	
3	柱轴线垂直度	单层柱	$H \leq 10$m	$H/1000$
			$H > 10$m	$H/1000$ 且不应大于25
		多层柱	单节柱	$H/1000$ 且不应大于10
			多节柱	35
4	梁的跨中垂直度		$H/500$	
5	安装在钢柱上时，对牛腿中心的偏移		5	
6	吊车梁支座加劲板中心与柱子承压板加劲板中心的偏移		$t/2$	
7	同跨间内同一横截面吊车梁顶面高差	支座处	10	
		其他处	15	
8	同列相邻两柱间吊车梁顶面高差		$L/1500$ 且不应大于10	
9	相邻两吊车梁接头部位	中心错位	3	
		顶面高差	1	
10	同跨间任一截面的吊车梁中心跨距		±10	
11	轨道中心对吊车梁腹板轴线的偏移		$t/2$	

注：H-柱高；t-加劲板厚度；L-柱间距。

12.2.15 支撑安装应符合下列规定：

1 交叉支撑宜按照从下到上的次序组合吊装。

2 支撑构件的校正宜在相邻结构校正固定后进行。

3 屈曲约束支撑应按设计文件和产品说明书的要求进行安装。

12.2.16 桁架或屋架安装应在钢柱校正合格后进行，并符合下列规定：

1 钢桁架或屋架可采用整榀或分段安装。
   2 钢桁架或屋架应在起扳和吊装过程中防止产生变形。
   3 单榀安装钢桁架或屋架时应采用缆绳或刚性支撑增加侧向临时约束。

12.2.17 根据安装单元的划分，主构件安装完毕后应立即进行檩条、墙梁等次构件的安装。

12.2.18 檩条和墙梁安装时，应及时设置撑杆或拉条并拉紧，但不应将檩条和墙梁拉弯。

12.2.19 檩条和墙梁等冷弯薄壁型钢构件吊装时应采取适当措施，防止产生永久变形，并应垫好绳扣与构建的接触部位。

12.2.20 压型金属板安装前，应绘制压型金属板铺设的布置图；图中应包含压型金属板的规格、尺寸和数量，与主体结构的支承构造和连接详图，以及封边挡板等内容。

12.2.21 压型金属板安装前，应在支承结构上标出压型金属板的位置线。铺放时，相邻压型金属板端部的波形槽口应对准。

12.2.22 压型金属板安装应平整、顺直，板面不得有施工残留物和污物。

12.2.23 钢结构防腐涂装施工宜在钢构件组装和预拼装工程检验批的施工质量验收合格后进行。涂装完毕后，宜在构件上标注构件编号；大型构件应标明重量、重心位置和定位标记。

12.2.24 钢结构防腐涂装工程和防火涂装工程的施工工艺和技术应满足设计文件要求。

12.2.25 钢构件热浸镀锌应符合现行国家标准《金属覆盖层 钢铁制件热浸镀锌层技术要求及试验方法》（GB/T 13912）的有关规定，并采取措施防止热变形。

12.2.26 防火涂料施工可采用喷涂、抹涂或滚涂等方法。

12.2.27 防火涂料涂装施工应分层施工，上层涂层干燥或固化后，方可进行下道涂层施工。

12.3 轨道桥

12.3.1 轨道桥施工前，应将基础顶面浮浆凿除，冲洗干净，整修连接钢筋，并在基础顶面测定中线、高程，标出各立柱平面位置。

12.3.2 轨道桥及圈梁施工时应先将钢筋绑扎完成，然后按照设计要求进行第一次混凝土浇筑。轨排粗调完成并经检查合格后方可进行第二次混凝土浇筑，第二次浇筑的混凝土强度等级及耐久性要求应符合设计要求，新旧混凝土面应可靠接茬。

12.3.3 轨道桥浇筑前应核实接触轨槽道预埋位置的准确性。接触轨槽道预埋允许偏差应符合下列规定：

1 槽道顶部距轨排支撑柱顶面允许偏差为±5mm，纵向距离每30mm允许偏差为±5mm。

2 槽道水平方向预埋允许偏差为20mm。

3 槽道顺直方向应和轨平面垂直，一端偏移允许偏差为2mm。

12.3.4 浇筑混凝土时，应使用插入式振捣器捣固，并应避免接触模板和预埋槽道。

12.4 室外综合管线

12.4.1 站场综合管线布置应符合下列规定：

1 地下管线应从建筑物基础外缘向道路中心合理安排顺序。宜按电信管线、电力电缆、热力管线、煤气管线、给水管线、雨水管线、污水管线的顺序埋设。

2 地下管线宜敷设在车行道以外的地段，特殊困难时才将检修较少的给水管和排水管布置在车行道下，并采取相应的加固措施。

3 饮用水管不应与排水管及其他含酸碱腐蚀、有毒物料管线共沟敷设。不得将直流电力电缆与其他金属管线靠近敷设。

4 宜将性质类似、埋深接近的管线并排在一起，有条件的可共沟敷设。

Ⅰ 给水与排水管道

12.4.2 工程所用的管材、管道附件、构配件和主要原材料等产品进入现场时应进行进场验收并妥善保管。进场验收时应检查每批产品的订购合同、质量合格证书、性能检验报告、使用说明书、进口产品商检报告及证件等，并按国家有关标准规定进行复验，验收合格后方可使用。

12.4.3 沟槽的开挖应符合下列规定：

1 沟槽的开挖断面应符合施工专项方案的要求。槽底原状地基土不得扰动，机械开挖时槽底预留200～300mm土层由人工开挖至设计高程整平。

2 槽底不得受水浸泡或受冻，槽底局部扰动或受水浸泡时，宜采用天然级配砂砾石或石灰土回填；槽底扰动土层为湿陷性黄土时，应按设计要求进行地基处理。

3 槽底土层为杂填土、腐蚀性土时，应全部挖除并按设计要求进行地基处理。

4 槽底平顺，边坡坡度符合施工方案的规定。

5 在沟槽边坡稳定后设置供施工人员上下沟槽的安全梯。

12.4.4 槽底局部超挖或发生扰动时，其处理措施应符合下列规定：

1 超挖深度不超过150mm时，可用挖槽原土回填夯实，其压实度不应低于原地基土的密实度。

2 槽底地基土壤含水率较高，不适于压实时，应采取换填等有效措施。

12.4.5 管节下入沟槽时，不得与槽壁支撑及槽下的管道相互碰撞；沟内运管不得扰动原状地基。

12.4.6 合槽施工时，应先安装埋设较深的管道，当回填土高程与邻近管道基础高程相同时，再安装相邻的管道。

12.4.7 钢管管道安装时，应将管道的中心及高程逐节调整正确，安装后的管节应进行复测，合格后方可进行下一工序的施工。

12.4.8 钢管管道安装时，应随时清除管道内的杂物，暂时停止安装时，两端应临时封堵。

12.4.9 钢管管道安装前，管节应逐根测量、编号，宜选用管径相差最小的管节组成对接。

12.4.10 钢管弯管起弯点至界面的距离不得小于管径，且不得小于100mm。

12.4.11 钢管管道采用法兰连接时，应符合下列规定：

1 法兰应与管道保持同心，两法兰间应平行。

2 应使用相同规格的螺栓，且安装方向应一致；螺栓应对称紧固，紧固好的螺栓应露出螺母之外。

3 与法兰界面两侧相邻的第一至第二个刚性界面或焊接界面，待法兰螺栓紧固后方可施工。

4 法兰界面埋入土中，应采取防腐措施。

12.4.12 球墨铸铁管的管节及管件下沟槽前，应清除承口内部的油污、飞刺、铸砂及凹凸不平的铸瘤；柔性界面铸铁管及管件承口的内工作面、插口的外工作面应修整光滑，不得有沟槽、凸脊缺陷；有裂纹的管节及管件不得使用。

12.4.13 球墨铸铁管沿直线安装管道时，宜选用管径公差组合最小的管节组对连接，确保界面的环向间隙均匀。

12.4.14 球墨铸铁管安装机械式柔性界面时，应使插口与承口的法兰压盖的轴线相重合；螺栓安装方向应一致，用扭矩扳手均匀、对称地紧固。

12.4.15 钢筋混凝土管的管节安装前应进行外观检查，发现裂缝、保护层脱落、空鼓、界面掉角等缺陷，应修补并经鉴定合格后方可使用。

12.4.16 钢筋混凝土管的管节安装前应将管内外清扫干净，安装时应使管道中心的内底高程符合设计要求，稳管时应采取措施防止管道发生滚动。

12.4.17 沟槽回填管道应符合以下规定：
1 压力管道水压试验前，除界面处，管道两侧及管顶以上回填高度不应小于0.5m；水压试验合格后，应及时回填沟槽其余部分。
2 无压管道在闭水或闭气试验合格后应及时回填。

12.4.18 管道沟槽回填应符合下列规定：
1 沟槽内砖、石、木块等杂物清除干净。
2 沟槽内不得有积水。
3 保持降排水系统正常运行，不得带水回填。

Ⅱ 通信管道

12.4.19 管道施工开挖时，遇到地下已有其他管线平行或垂直距离接近时，应按设计规范的规定核对其相互间的最小净距。如发现不符合标准或危及其他设施安全时，应向建设单位反映，在未取得建设单位和产权单位同意时，不得继续施工。

12.4.20 挖沟（坑）接近设计的底部高程时，应避免挖掘过深破坏土壤结构，如挖深超过设计高程100mm，应填铺灰土或级配砂石并应夯实。

12.4.21 挖掘通信管道沟（坑）时，不得在有积水的情况下作业，应将水排放后进行挖掘工作。

12.4.22 通信管道的防水、防蚀、防强电干扰等防护措施，应符合设计要求。

12.4.23 通信管道宜采用素混凝土基础，混凝土的强度等级、基础宽度、基础厚度应符合设计规定。

12.4.24 通信管道基础的中心线应符合设计规定，左右允许偏差为±10mm；高程允许偏差为±10mm。

12.4.25 水泥管道铺设前应检查管材及配件的材质、规格、程序，断面的组合应符合设计的规定。

12.4.26 铺设水泥管道的管底垫层砂浆强度等级应符合设计要求，其砂浆的饱满程度不应低于95%，不得出现凹心，不得用石块等物垫管块的边、角。管块应平实铺卧在水泥砂浆垫层上。

12.4.27 塑料管道管材的材质选择应符合下列规定：
1 管材的规格和材质应符合国家现行标准和设计要求。
2 正常的温度环境宜选用聚氯乙烯（PVC-U）塑料管，高寒环境宜选用高密度聚乙烯（HDPE）塑料管。
3 在鼠害、白蚁地区，宜选用具有相应防护能力的塑料管。
4 采用定向钻孔方式铺设管道时，宜采用高密度聚乙烯（HDPE）管。
5 非埋地的塑料管，应采取防老化和防机械损伤等保护措施。

12.4.28 回填土前，应先清除沟（坑）内的遗留木料、草帘、纸袋等杂物。沟（坑）内如有积水和淤泥，应排除后方可进行回填土。

Ⅲ 电缆沟和电缆井

12.4.29 砖砌电缆沟（井）壁抹面光洁平整，不得有裂缝；现浇钢筋混凝土电缆沟（井）壁振捣密实，不得有蜂窝麻面；电缆沟（井）不得存在渗水。

12.4.30 检查井口内应按要求安装爬梯，做好集水井、通风口等附属设施。

12.4.31 电缆支架的加工应符合下列要求：
1 钢材应平直，无明显扭曲。下料误差应在5mm范围内，切口应无卷边、毛刺。
2 支架应焊接牢固，无显著变形。各横撑间的垂直净距与设计偏差不应大于5mm。
3 金属电缆支架应进行防腐处理。位于湿热、盐雾以及有化学腐蚀地区时，应做特殊的防腐处理。

12.4.32 电缆支架应安装牢固，横平竖直；托架支吊架的固定方式应按设计要求进行。各支架的同层横挡应在同一水平面上，其高低偏差不应大于 5mm。托架支吊架沿桥架走向左右的偏差不应大于 10mm。

12.4.33 当直线段钢制电缆桥架超过 30m、铝合金或玻璃钢制电缆桥架超过 15m 时，应有伸缩缝，其连接宜采用伸缩连接板；电缆桥架跨越建筑物伸缩缝处应设置伸缩缝。

12.4.34 电缆支架全长均应有良好的接地。

12.5 其他构筑物

Ⅰ 悬浮架拆装设备基础

12.5.1 悬浮架拆装设备基础应符合下列规定：

1 悬浮架拆装设备基础的预埋钢板、地脚螺栓和支撑脚的预埋位置应准确且垂直无倾斜。

2 预埋钢板平面度不大于 1mm。

3 混凝土应分两次浇筑，第一次混凝土浇筑前，先将悬浮架拆装设备基础的预埋钢板、地脚螺栓和支撑脚等进行预埋并焊接固定，经测量复核预埋件埋设位置无误后，方可浇筑。待混凝土达到一定强度后，再将二次浇筑的预埋件通过焊接固定在预埋的钢板上，经测量复核预埋件埋设位置无误后方可进行第二次浇筑，浇筑应符合现行国家标准《混凝土结构工程施工质量验收规范》（GB 50204）的有关规定。

Ⅱ 围　　墙

12.5.2 围墙基底应平整压实，基础宽度及深度应符合设计要求。

12.5.3 围墙砌缝整齐均匀，墙体及墙体与柱体接茬错缝、勾缝符合要求，按规定预留伸缩缝，砖柱、砖垛采用无包心砌法。

12.5.4 围墙墙面、墙顶平顺，墙面抹灰应表面光滑，线角顺直清晰，毛面纹路均匀。

13 环境保护

13.1 一般规定

13.1.1 中低速磁浮交通工程建设期应贯彻国家环境保护法律法规，执行国家和行业相关政策和技术规范，其工程施工应采取必要的环境保护措施。

13.1.2 环境保护对象及其保护措施应根据环境保护行政主管部门批复的环境影响报告书中确定的保护对象及其污染防治措施的要求确定，对于规划待建的保护对象应预留环境保护措施实施的条件。

13.1.3 土建工程施工应统一规划、合理布局、综合利用、控制污染源，保护生态环境。

13.1.4 环境保护设施应与主体工程同时设计、同时施工、同时投入使用，并应符合环境保护设施竣工验收的要求。

13.1.5 施工便道、施工场地等临时工程的规划应尽量利用既有道路、荒地等，并符合当地环境保护要求。

13.2 噪声污染防治

13.2.1 施工车辆不应带故障进入施工现场，并做到少鸣笛。

13.2.2 填料生产场、混凝土拌和站等各项临时设施，均应远离居民区。

13.2.3 强振机械设备应采取消声、隔音、安装减振衬垫等减振降噪技术措施。

13.2.4 夜间施工时，应使用噪声小的发电机、电锯等施工工具，控制噪声源的发声时间段，并采取相关隔音措施。

13.2.5 地面、高架线以及风亭冷却塔等声源应远离噪声敏感区和敏感建筑物，风井风口应背向噪声敏感建筑，风口风速不应大于4m/s，当工程条件不能满足标准的规定时，还应在常规消声设计的基础上强化噪声防护措施。

13.2.6 通风空调系统设备应选择低噪声产品，分别在风机的进风口和出风口设置消声器，并应根据现行国家标准《声环境质量标准》（GB 3096）中规定的相应区域噪声限值的要求。

13.2.7 车辆基地的位置应选在非环境敏感区域，其场界噪声应符合现行国家标准《工业企业厂界环境噪声排放标准》（GB 12348）中相应区域噪声限值的规定。

13.3 水土保持措施

13.3.1 土建工程施工中，取、弃土场和临时用地应结合当地土地规划统筹考虑，不应随意取、弃土。

13.3.2 取土场开挖坡度、弃土场地堆高及地基承载力应符合要求。

13.3.3 弃土场应少占或不占耕地，先设置好围挡设施后弃土，其裸露面应按设计及时进行整治或防护，并修好排水沟，恢复原排水系统，避免诱发灾害的发生。

13.3.4 土方运输过程中，应采取措施防止洒漏，运输道路应洒水消尘。

13.3.5 路基填筑施工应做到随挖、随填、随碾压，并合理安排好施工场地的临时排水。

13.3.6 采用泥浆护壁进行钻孔桩施工时，应采取措施防止泥浆对环境和水体造成污染。

13.3.7 车辆设施与综合基地生产废水宜经处理后回收循环利用。

13.3.8 清洗施工机械、设备的废水、废油以及生活污水，不得直接排放于河流，湖泊或其他水域中，也不得排泄于饮用水源附近的土地上。

13.3.9 对废水、废油和污水应采取过滤池、沉淀池、隔油池、化粪池并添加适量消毒剂等方法进行处理，达到排放标准后方可向外排放。

13.3.10 工程完工后，应及时清除施工临时设施和驻地生活设施，对污水池、垃圾场及厕所等尚应做好灭菌工作，并将施工中曾经被占用或者破坏的土地，恢复或基本恢复到原有的状态。

13.4 大气环境保护措施

13.4.1 工程用的粉末材料，不得散装散卸，在露天堆存时，应采取遮盖措施。

13.4.2 各种运输车辆，不应超量装载运输，防止土石散落污染路面。

13.4.3 施工便道要采用洒水降尘措施，同时在便道与既有道路交口处，派专人负责防护和清扫。

13.4.4 粗、细集料装卸及混凝土搅拌等作业宜处于下风区，并应采用湿式操作方法，对可能产生粉尘的设备应采取封闭消尘等措施。

13.4.5 固体废弃物应分类收集、分别处理，生产废物宜设置相应的堆放场地并定期处置。

13.4.6 车辆综合基地应采用清洁能源供热设备，不宜采用燃煤锅炉。

13.5 其他

13.5.1 中低速磁浮交通工程的地面、高架线及地面建筑的设置应与城市景观协调。

13.5.2 高架车站应使用对线路两侧建筑无光污染的外墙面材料。

13.5.3 地面及高架线沿线、车站、车辆基地及停车场以及变电站周围应采取植树绿化等生态保护措施。

13.5.4 在文物古迹附近施工时，应采取必要的监护措施，加强对文物古迹的保护，严防施工损坏文物古迹；施工过程中发现文物、古迹时应立即与当地文物保护部门联系，并应暂停施工作业和采取必要的保护措施。

14 竣工验收准备

14.0.1 中低速磁浮交通工程验收前应满足下列要求：
1 主体工程及其配套工程、附属设施已按设计文件建成。
2 环境保护设施、水土保持设施与主体工程已同步建成。
3 劳动、安全、卫生及消防设施与主体工程同步建成。
4 施工单位按有关规范、标准对工程质量和系统功能进行自检。
5 工程质量验收均应在施工单位自检合格的基础上进行。
6 参加工程竣工验收的各方人员应具备相应的资格。
7 检验批的质量应按主控项目和一般项目验收。

14.0.2 工程竣工验收内容应符合设计文件、相关标准及合同要求，下列资料应齐全：
1 检验批质量验收记录。
2 分项工程质量验收记录。
3 分部工程质量验收记录。
4 单位工程质量竣工验收记录。
5 单位工程所含分部工程有关结构安全和主要使用功能的试件、试块及材料的检验资料。
6 隐蔽工程的隐蔽验收资料。

14.0.3 检验批、分项工程、分部工程和单位工程质量及观感质量验收应符合现行中国铁建企业技术标准《中低速磁浮交通工程施工质量验收标准》（Q/CRCC 32806）的规定。

14.0.4 当施工质量不符合规定时，应按下列规定进行处理：
1 经返工或返修的检验批，应重新进行验收。
2 经有资质的检测机构检测鉴定能够达到设计要求的检验批，应予以验收。
3 经有资质的检测机构检测鉴定达不到设计要求、但经原设计单位核算认可能够满足安全和使用功能的检验批，可予以验收。
4 经返修或加固处理的分项、分部工程，满足安全及使用功能要求时，可按技术处理方案和协商档案的要求予以验收。但经返修或加固处理仍不能满足安全或使用要求时，不得验收。

本规范用词说明

1 为便于在执行本规范条文时区别对待，对于要求严格程度不同的用词说明如下：
1）表示很严格，非这样不可的用词：
正面词采用"必须"，反面词采用"不得"；
2）表示严格，在正常情况下均应这样做的用词：
正面词采用"应"，反面词采用"不应"或"不得"；
3）表示允许稍有选择，在条件许可时首先应这样做的用词：
正面词采用"宜"，反面词采用"不宜"；
4）表示有选择，在一定条件下可以这样做的，采用"可"。
2 条文中指明应按其他标准、规范执行的写法为："按……执行"或"应符合……的规定"。

引用标准名录

1 《地下工程防水技术规范》(GB 50108)
2 《混凝土外加剂应用技术规范》(GB 50119)
3 《土方与爆破工程施工及验收规范》(GB 50201)
4 《砌体结构工程施工质量验收规范》(GB 50203)
5 《混凝土结构工程施工质量验收规范》(GB 50204)
6 《建筑地面工程施工质量验收规范》(GB 50209)
7 《建筑装饰装修工程质量验收标准》(GB 50210)
8 《给水排水管道工程施工及验收规范》(GB 50268)
9 《建筑工程施工质量验收统一标准》(GB 50300)
10 《建筑边坡工程技术规范》(GB 50330)
11 《屋面工程技术规范》(GB 50345)
12 《通信管道工程施工及验收标准》(GB/T 50374)
13 《城市轨道交通技术规范》(GB 50490)
14 《混凝土结构工程施工规范》(GB 50666)
15 《建设工程施工现场消防安全技术规范》(GB 50720)
16 《钢结构工程施工规范》(GB 50755)
17 《工业企业厂界环境噪声排放标准》(GB 12348)
18 《国家一、二等水准测量规范》(GB/T 12897)
19 《声环境质量标准》(GB 3096)
20 《爆破安全规程》(GB 6722)
21 《混凝土外加剂》(GB 8076)
22 《城市轨道交通工程测量规范》(GB/T 50308)
23 《城市轨道交通工程安全控制技术规范》(GB/T 50839)
24 《形状和位置公差 未注公差值》(GB/T 1184)
25 《低合金高强度结构钢》(GB/T 1591)
26 《一般公差 未注公差的线性和角度尺寸的公差》(GB/T 1804)
27 《空气潜水减压技术要求》(GB/T 12521)
28 《预应力筋用锚具、夹具和连接器》(GB/T 14370)
29 《预应力混凝土用钢绞线》(GB/T 5224)
30 《金属熔化焊接头缺欠分类及说明》(GB/T 6417.1)

31 《碳素结构钢》（GB/T 700）
32 《铁路信号 AX 系列继电器》（GB/T 7417）
33 《涂覆涂料前钢材表面处理　表面清洁度的目视评定　第 1 部分：未涂覆过的钢材表面和全面清除原有涂层后的钢材表面的锈蚀等级和处理等级》（GB/T 8923.1）
34 《盾构法开仓及气压作业技术规范》（CJJ 217）
35 《钢筋焊接及验收规程》（JGJ 18）
36 《混凝土用水标准》（JGJ 63）
37 《建筑地基处理技术规范》（JGJ 79）
38 《建筑桩基技术规范》（JGJ 94）
39 《钢筋机械连接技术规程》（JGJ 107）
40 《建筑玻璃应用技术规程》（JGJ 113）
41 《建筑基坑支护技术规程》（JGJ 120）
42 《清水混凝土应用技术规程》（JGJ 169）
43 《建筑施工起重吊装工程安全技术规范》（JGJ 276）
44 《铁路混凝土结构耐久性设计规范》（TB 10005）
45 《铁路混凝土梁支架法现浇施工技术规程》（TB 10110）
46 《铁路瓦斯隧道技术规范》（TB 10120）
47 《铁路工程基桩检测技术规程》（TB 10218）
48 《铁路混凝土工程施工质量验收标准》（TB 10424）
49 《高速铁路工程测量规范》（TB 10601）
50 《高速铁路轨道工程施工质量验收标准》（TB 10754）
51 《盾构隧道管片质量检测技术标准》（CJJ/T 164）
52 《中低速磁浮交通设计规范》（CJJ/T 262）
53 《建筑工程冬期施工规程》（JGJ/T 104）
54 《钢管满堂架预压技术规程》（JGJ/T 194）
55 《钢结构工程施工质量验收规范》（GB 50205）
56 《继电式电气集中联锁技术条件》（TB/T 1774）
57 《铁路信号故障—安全原则》（TB/T 2615）
58 《中低速磁浮交通道岔系统设备技术条件》（CJ/T 412）
59 《中低速磁浮交通轨排通用技术条件》（CJ/T 413）
60 《二氧化碳气体保护焊工艺规程》（JB/T 9186）
61 《中低速磁浮交通工程测量规范》（Q/CRCC 32802）
62 《中低速磁浮交通设计规范》（Q/CRCC 32803）
63 《中低速磁浮交通工程施工质量验收标准》（Q/CRCC 32806）
64 《危险性较大分部分项工程安全管理规定》（住建部令〔2018〕37）

涉及专利和专有技术名录

1 国家专利

[1] 中铁十一局集团有限公司. 一种磁悬浮轨排加工精度检测平台：中国，201520609794.1［P］.2016-01-13.

[2] 中铁十一局集团有限公司. 一种单线梁安全平台：中国，201520609161.0［P］.2016-01-13.

[3] 中铁十一局集团有限公司. 一种双线梁安全平台：中国，201520608710.2［P］.2016-01-13.

[4] 中铁十一局集团有限公司. 一种作用于F轨的吊具：中国，201510496039.1［P］.2017-01-11.

[5] 中铁十一局集团有限公司. 一种轨排调节装置：中国，201510496048.0［P］.2017-04-05.

[6] 中铁十一局集团有限公司. 一种轨道承轨台浇筑模具：中国，201520608771.9［P］.2016-01-13.

[7] 中铁二十三局集团有限公司. 用于承轨梁架设的可移动挂篮：中国，201520371365.5［P］.2015-10-07.

[8] 中铁二十三局集团有限公司. 一种利用三维可调千斤顶装置架设磁浮轨道梁的方法：中国，201510296185.X［P］.2016-09-07.

本文件的发布机构提请注意，声明符合本文件时，可能涉及相关专利的使用。

本文件的发布机构对于该专利的真实性、有效性和范围无任何立场。

该专利持有人已向本文件的发布机构保证，他愿意同任何申请人在合理且无歧视的条款和条件下，就专利授权许可进行谈判。该专利持有人的声明已在本文件的发布机构备案。相关信息可通过以下联系方式获得：

专利持有人姓名：中铁十一局集团有限公司；中铁二十三局集团有限公司

地址：湖北省武汉市武昌区中山路277号中铁大厦21楼；四川省成都市二环路西二段

请注意除上述专利外本文件的某些内容仍可能涉及专利。本文件的发布机构不承担识别这些专利的责任。

2 工法

[1] 中铁十一局集团有限公司. HBGF176-2016中低速磁浮轨道铺设施工工法［D］. 武汉，湖北省住房和城乡建设厅.2017.

[2] 中铁二十三局集团有限公司．SCGF011-2016 中低速磁浮轨道梁预制施工工法［D］．成都，四川省住房和城乡建设厅．2017．

[3] 中铁二十三局集团有限公司．SCGF 207-2015 中低速磁浮轨道梁安装施工工法［D］．成都，四川省住房和城乡建设厅．2016．